基于创新能力培养的
高校教育管理研究

贺园亚 ◎ 著

中国商务出版社

北京

图书在版编目（CIP）数据

基于创新能力培养的高校教育管理研究／贺园亚著.
北京：中国商务出版社，2024.7. -- ISBN 978-7-5103-
5303-1

Ⅰ. G640

中国国家版本馆 CIP 数据核字第 20248EF782 号

基于创新能力培养的高校教育管理研究

贺园亚　著

出版发行：中国商务出版社有限公司

地　　址：北京市东城区安定门外大街东后巷 28 号　　邮　编：100710

网　　址：http://www.cctpress.com

联系电话：010—64515150（发行部）　010—64212247（总编室）
　　　　　010—64515464（事业部）　010—64248236（印制部）

责任编辑：云　天

排　　版：北京盛世达儒文化传媒有限公司

印　　刷：星空印易（北京）文化有限公司

开　　本：710 毫米 ×1000 毫米　　1/16

印　　张：12　　　　　　　　　　　字　　数：190 千字

版　　次：2024 年 7 月第 1 版　　　印　　次：2024 年 7 月第 1 次印刷

书　　号：ISBN 978-7-5103-5303-1

定　　价：79.00 元

前言 >>>

随着我国高等教育从大众化进入普及化阶段，高校大量合并，高校招生体制改革引发了一系列问题，高等教育管理面临着前所未有的挑战。同时，创新型国家建设与和谐社会目标的确立、科学发展观的实施与和谐文化的提出，又为我国高等教育发展提供了新的历史机遇，高等教育管理是高等教育发展的关键因素。研究我国高等教育管理的历史和现状，必须聚焦于高等教育管理研究及其理论的发展状况，只有大力发展我国高等教育管理理论研究，才能使其更好地服务于高等教育。从一定意义上说，一个国家的高等教育管理理论研究的发展状况折射并且决定着该国高等教育管理实践的整体水平。

创新能力指的是人们不断利用自己所掌握的理论和知识，为技术、艺术、科学等各个方面的实践领域提出新发明、新方法、新理论以及新思想，并具有一定的生态价值、社会价值和经济价值。创新能力是民族进步的灵魂、是一国经济竞争的核心。对于学生创新能力的培养，主要包括创新学习能力、获取知识能力、自主学习等各个方面。但是在高等教育中，由于受到传统教育观念、教育思想、评价机制、教学手段、教学方法、课程体系、课程内容、人才培养模式、教育体制等方面的影响，学生的创新意识和能力受到了一定的限制，这样也就体现出目前加强培养学生创新意识和创新能力的重要性和紧迫性。但是总的来说，创新教育管理还是要立足于传统的基础之上，对其进一步地继承和发扬，而这也逐渐促进了我国教育事业的发展和完善，培养出大量的创新型人才，实现科教兴国。

本书深入分析了高校教育管理的内涵、价值和原则，探讨了教育管理在课程、教学、教师、学生和行政管理等方面的创新实践。书中着重强调了信息化建设、资源开发、质量监控和评价体系的构建，旨在提升高校教育的质量和效率。同时，书中还特别关注了创新能力培养，提出了高校创新创业教育的目标、方法和培养路径，以及在"互联网+"背景下的发展战略，为高校教育管理的创新与学生创新能力的提升提供了理论指导和实践参考。限于作者的能力水平，本书存在的疏漏和不当之处，敬请各位读者不吝赐教。

贺园亚

2024 年 5 月

目录 >>>

第一章

高校教育管理概述

第一节　高校教育管理的内涵

研究高校教育管理，首先要明确其内涵。要全面、深入地把握高校教育管理的内涵，就要弄清高校教育管理的定义，了解高校教育管理的特点，明确高校教育管理的目标。

一、高校教育管理的定义

管理，就其字面意义而言，是管辖、处理的意思。管理是在一定的社会组织中，通过决策、计划、组织和控制，有效地利用人力、物力、财力、时间和信息等各种资源，以达到预定目标的一种社会活动过程。

高校教育管理是高校管理的一个重要组成部分，也是高校人才培养工作的一个重要环节。因此，高校教育管理既有管理的一般本质，又有其自身的特殊本质。这主要表现在以下几点。

第一，高校教育管理是在高校这一特定的社会组织中进行的。任何管理活动都是在一定的社会组织中进行的。高校是系统培养专门人才的社会组织，大学生的教育和培养是其首要的和基本的任务，高校教育管理就是高校为实现这一任务而进行的特殊管理活动。

第二，高校教育管理的目的是实现高校的人才培养目标，促进大学生的全面发展。管理的目的是实现一定社会组织的某种预定目标。世界上既不存在无目标的管理，也不可能实现无管理的目标。高校教育管理作为高校人才培养工作的一个重要环节，其目的就是要实现高校在人才培养方面的预定目标，促进大学生的全面发展，使之成为德智体美劳全面发展、富有创新精神和实践能力的中国特色社会主义的合格建设者和可靠接班人。

第三，高校教育管理的实质是要有效地利用学校的各种资源，为大学生的成长成才提供指导和服务。高校教育管理的任务是为大学生顺利完成学业、健康成长成才提供各方面的指导和服务，包括对大学生行为和大学生群体的引导、对家庭经济困难学生提供的资助服务、对毕业生提供的就业服务等。为此，就需要通过科学的决策、计划、组织和控制，有效地利用学校的各种资源，包括人力、物力、财力、时间和信息等。

综上所述，所谓高校教育管理，就是高校为实现人才培养目标，促进大学生全面发展，通过决策、计划、组织和控制，有效地利用各种资源，为大学生成长成才提供各种指导和服务的社会活动过程。

二、高校教育管理的目标

高校教育管理目标是一定时期内实施高校教育管理活动所要达到的预期结果，是高校教育管理过程的指向、核心和归宿，规定着高校教育管理的方向和任务，制约着高校教育管理的手段和方法。科学地确定并正确地把握高校教育管理的目标，是实施高校教育管理的前提，是提高高校教育管理效益的关键。

（一）确定高校教育管理目标的依据

高校教育管理目标作为高校教育管理活动所要达到的预期结果，其形式是主观的，但它的确定并不是主观随意的，而是围绕高校的人才培养目标，依据社会发展的客观要求和大学生发展的客观需要制定出来的。

1. 高校的人才培养目标是确定高校教育管理目标的直接依据

高校的人才培养工作是一项十分复杂的系统工程，高校教育管理作为这一系统的重要组成部分，其目的就是通过为大学生提供各种指导和服务，保证学校人才培养目标的实现。因此，高校教育管理目标的确定也就必然要以高校的人才培养目标为依据。实际上，高校教育管理目标也就是高校人才培养目标在高校教育管理领域中的体现和具体化。

2. 社会发展的客观要求是确定高校教育管理目标的根本依据

高校的人才培养目标归根结底是由社会发展的客观要求决定的。同时，大学生发展的基本趋势和总体状况归根结底取决于社会发展的状况及其对人才素质的客观要求。高校教育管理的实质就是引导和帮助大学生充分利用社会所提供的各种条件来发展和完善自己，以适应社会发展的客观要求。

3. 大学生发展的需要是确定高校教育管理目标的重要依据

高校教育管理目标的确定，在主要依据社会发展需要的同时，还应兼顾大学生发展的需要。首先，大学生是正处于发展中的、具有鲜明个性的人。他们都有自己的思想感情、兴趣爱好和理想追求，都有丰富和发展自己的迫切需要。因此，高校教育管理的目标必然要满足大学生发展的需要。其次，大学生既是管理的对象，又是能动的主体。高校教育管理目标能否实现，关键看它能否激发大学生自我管理的主动性和积极性。为此，高校教育管理目标就必须体现大学生发展的需要。只有这样，外在的管理目标才能转化为大学生的内在追求，从而激励大学生自觉地开展自我管理，不断奋发努力。

（二）高校教育管理的目标体系

高校教育管理目标按其地位和作用范围，可分为总目标和分目标。高校教育管理的总目标是高校教育管理的全部活动要达到的预期结果。高校教育管理的分目标则是各个领域、各种层次以及各个阶段的高校教育管理活动分别要达到的预期结果。总目标是分目标的基本依据，分目标是总目标的分解和具体化；总目标调节和控制着分目标的执行，总目标的实现又有待于各个分目标的实现。高校教育管理的总目标和分目标相互联系、相互作用，共同构成了高校教育管理的目标体系。

1. 维护高等学校正常的教育教学秩序和生活秩序是高校教育管理的直接目标

任何管理活动的直接目标或第一目标都是建立和维护组织的正常秩序。事实上，管理活动的产生首先就是为了规范和协调人的行为，以使组织的各项活动能够围绕组织的目标，按照一定的制度和规定有条不紊地进行。这就像一个乐队必须有一个指挥，而指挥的作用就是使乐队全体成员的演奏都能够按照乐谱的规定和要求有序进行。高校教育管理的直接目的是引导、规范和调控大学生的行为，建立和维护高校正常的教育教学秩序和生活秩序，以使学校的各项教育教学活动和大学生的学习与生活有序进行。

2. 保障学生的身心健康是高校教育管理的基本要求

身心健康包括生理健康和心理健康，是生理健康和心理健康的有机统一。生理健康是心理健康的物质基础，心理健康是生理健康的精神支柱。身心健康是人全面发展的基础和内在要求。一个人如果没有强健的体魄、振奋的精神和坚强的意志，就谈不上全面发展，也不可能成为社会需要的全面发展的高素质人才。保障大学生的身心健康是培养社会合格人才的内在要求，是大学生成长成才的需要。当代中国大学生大多为独生子女，是一个承载社会、家庭高期望值的特殊群体。他们自我定位比较高，成才欲望非常强，但社会阅历比较浅，心理发展尚未成熟，极易出现情绪波动。随着经济社会的发展，特别是涉及大学生切身利益的各项改革措施的实行，大学生面临的社会环境、家庭环境和学校环境日益纷繁复杂，学习、就业、经济和情感等方面的压力越来越大，不可避免地会影响他们的心理健康乃至生理健康。因此，加强高校教育管理，为大学生的学习、就业和日常生活提供必要的指导和服务，保障大学生的身心健康，具有尤为重要的意义。

3. 促进学生德智体美劳全面发展是高校教育管理的根本目标

培养全面发展的人，历来是具有远见卓识的教育家们追求的理想目标。培养德智体美劳全面发展的社会主义建设者和接班人是高校人才培养的目标，而高

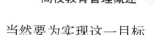

校教育管理作为高等学校人才培养体系的重要组成部分，当然要为实现这一目标服务，以促进学生德智体美劳全面发展为根本目标。

4. 高校教育管理的分目标具有复杂性和多样性

高校教育管理的分目标主要有以下几种类型。

（1）按高校教育管理的工作内容而确定的分项管理目标

高校教育管理是一项复杂的系统工程，具有多方面的工作内容，包括大学生行为管理、大学生群体管理、大学生安全管理、大学生资助管理和大学生就业管理等。这就需要把高校教育管理的总目标分解到各个具体工作领域之中，形成各项具体目标，通过各项具体目标的达成来实现大学生管理的总目标。具体说来，大学生行为管理的目标是引导大学生自觉践行大学生行为规范，养成良好的行为习惯；大学生群体管理的目标是引导大学生群体形成体现大学精神、积极向上的群体文化，开展丰富多彩、健康有益的群体活动，充分发挥群体管理对大学生成长成才的积极作用；大学生安全管理的目标是维护学校稳定，保障学生安全，建设平安校园；大学生资助管理的目标是为贫困大学生提供基本的经济保障，促进他们健康成长和顺利成才；大学生就业管理的目标是引导毕业生树立正确的就业观念、增强职场竞争力，帮助他们顺利找到合适的工作岗位。

（2）按大学生培养过程的不同阶段而确定的阶段性管理目标

大学生的培养过程具有明显的阶段性，各个阶段都有各自的工作重点，不同学习阶段的大学生也各有其特点。这就需要依据高校教育管理的总目标和大学生培养过程的内在规律性，科学地确定各个阶段高校教育管理的具体目标，并使之环环相扣、紧密衔接、循序渐进。就本科生管理而言，在一年级，应注重引导学生实现角色转换，尽快适应大学的学习和生活；在二年级，应注重引导学生依据社会需要确定自己的奋斗目标，对未来的职业生涯做出初步规划，全面提高自己的知识素养和能力，有目的地发展自己的兴趣和特长；在三年级，应注重引导学生认识自身素质与社会需求的差距，抓住时机，完善自己，提升自我；在四年级，应注重引导学生客观全面地分析自身情况，为就业或升学做好充分准备。

（3）按高校教育管理主体的具体分工确定的具体工作目标

高校教育管理目标的实现有待所有大学生管理部门和全体大学生管理工作

者的共同努力。在高校教育管理工作系统中，每一个部门、每一位管理人员，都在特定的工作领域中有其特定的工作职责。为了充分发挥所有部门和全体管理人员的作用，并使他们紧密配合、形成合力，就要把高校教育管理的总目标层层分解并落实到各个部门和各位管理人员，形成部门和管理人员的具体工作目标。例如，学生工作部（处）工作目标、学校团委工作目标、教务处学生管理工作目标、学生会工作目标、辅导员及班主任工作目标等。只有这样，才能引导和协调学校各方面的力量，保证高校教育管理总目标的实现。

第二节　高校教育管理的价值

高校教育管理对社会进步、高校发展和大学生成长成才都有着重要的意义和价值，全面认识高校教育管理的价值是高校教育管理研究的重要课题，也是切实加强和改进高校教育管理的重要思想基础。

一、高校教育管理价值概述

价值本来是一个经济学的范畴，它是伴随着商品生产的出现而产生的。在经济学领域，价值指的是凝结在商品中的无差别的人类劳动。现在，价值范畴已经广泛地运用于社会、政治、法律、道德、科技、教育和管理等各个领域，成了人们评价事物的一个普遍范畴。因此，价值范畴又具有了哲学意义上的新内涵。在哲学意义上，价值是指客体对于主体的作用和意义，它体现了客体的属性和功能与主体的需要之间的一种特定关系，即客体属性和功能对主体需要的满足关系。价值作为一个关系范畴，不能离开主客体中任何一方而存在。一方面，价值离不开主体，主体的需要是衡量价值的尺度，只有满足主体需要的事物或对象才具有价值；另一方面，价值也离不开客体，客体的属性和功能是价值的载体。价值的实质，也就是客体的属性和功能对主体需要的满足。

高校教育管理的价值是指高校教育管理对于社会、高校和大学生所具有的作用和意义，也就是高校教育管理的属性和功能对社会进步、高校发展和大学生成长成才需要的满足。高校教育管理价值的客体是高校教育管理本身。高校教育管理具有对大学生的成长和发展，对高校实现教育目标，对培养社会合格人才发挥作用的属性与功能。正是高校教育管理的这些属性和功能构成了高校教育管理价值的基础。高校教育管理价值的主体是社会、高校和大学生。高校是高校教育管理的实施者。高校之所以要实施高校教育管理，根源于实现教育目标的需要，而高校教育管理则具有满足这种需要的属性和功能。因此，高校也就成为高校教育管理价值的主体。同时，高校的教育目标又是依据社会对专门人才的要求和大学生发展的需要制定的，社会和大学生也就因此成为高校教育管理的主体。高校教育管理价值所体现的是高校教育管理的属性和功能对社会、高校和大学生需要的满足关系。

高校教育管理价值具有下述显著特点。

（一）直接性与间接性

高校教育管理对其价值主体的作用，就其形式而言，有直接作用和间接作用，因此，高校教育管理价值也就具有直接性与间接性的特点。高校教育管理价值的直接性是指高校教育管理能够不经过中间环节直接作用于价值主体，以满足其一定的需要。一般来说，高校教育管理对大学生的影响和作用往往是直接产生的。高校教育管理价值的间接性是指高校教育管理需要通过一定的中间环节间接作用于价值主体，以满足其一定的需要。一般来说，高校教育管理对于社会的影响和作用就是通过对大学生的影响和作用而间接发生的。

（二）即时性与积累性

高校教育管理价值的实现即高校教育管理以自身的属性和功能对价值主体某种需要的满足总要经过一个或长或短的过程，因此，高校教育管理价值也具有即时性与积累性的特点。高校教育管理价值的即时性是指高校教育管理活动在短时间内就能够迅速达到目标，从而满足价值主体的某种需要。例如，及时办理家庭经济困难的学生的助学贷款，以使他们能够跨进大学、安心学习；及时处理大学生中的突发事件，以保障学生安全和校园稳定等。高校教育管理价值的积累性是指高校教育管理往往要经过一个相当长的过程，通过长期的工作积累才能达到目标，进而满足价值主体的某种需要。例如，建立良好的教育教学秩序，以满足高校人才培养工作的需要；培养大学生良好的思想品德和行为习惯，以满足社会发展与学生自身发展的需要；等等。这些都不是一朝一夕就能实现的，而是需要长期的工作积累。

（三）受制性与扩展性

高校教育管理价值的受制性是指高校教育管理价值的实现要受到其他因素的影响。这是因为高校教育管理价值是对大学生成长成才的作用和意义，而大学生的成长成才还要受到高校内部其他因素和外部环境因素的影响。因此，高校教育管理在大学生成长成才中发挥的作用，必然受到其他因素的制约。当其他因素对大学生的影响与高校教育管理的作用方向相一致时，高校教育管理就容易收到实效，高校教育管理的价值也就易于实现。反之，如果其他因素对大学生的影响与高校教育管理的作用方向不一致或相反时，高校教育管理就难以收到实效，高校教育管理的价值也就难以实现。高校教育管理价值的扩展性是指高校教育管理可以通过大学生的活动对高校内部其他因素和外部环境因素产生作用，从而使自身价值得到扩展。例如，高校教育管理通过对大学生科技创新和创业活动的鼓励和支持，激发大学生科技创新和创业的积极性，这就必然会推动学校的教学创新，提高大学生的科技创新能力和创业能力。再如，高校教育管理通过对大学生日常行为的引导，使大学生养成遵守社会公共道德规范、自觉维护公共秩序和环境卫生的行为习惯，这就必然会对学校周边环境的优化产生积极的影响。

（四）系统性与开放性

高校教育管理价值的系统性是指高校教育管理价值是一个由多种维度、多种类型的内容构成的有机整体。按价值的主体，可分为社会价值、高校集体价值和个体价值。社会价值即高校教育管理对社会运行和发展的作用和意义；高校集体价值即高校教育管理对高校运行和发展的作用和意义；个体价值即高校教育管理对大学生个体成长与发展的作用和意义。按价值存在的形态，可分为理想价值和现实价值。理想价值是高校教育管理价值的应有状态，即高校教育管理所追求的最终价值；现实价值是高校教育管理的实有状态，即在现实条件下已经实现或正在实现的价值。还可以按价值的性质，分为正向价值和负向价值；按价值的大小，分为高价值和低价值；等等。高校教育管理价值就是由上述各种价值组成的系统。高校教育管理价值的开放性是指高校教育管理的价值会随着价值主体的需要和高校教育管理功能的变化和发展而变化和发展。随着社会的发展，高校教育管理服务对象的需要在变化和发展，这就必然会促使高校教育管理的功能发生相应的变化和发展，从而使高校教育管理的价值得到增强和拓展。

二、高校教育管理的社会价值

高校教育管理的社会价值是指高校教育管理对社会运行与发展的作用和意义，即高校教育管理的属性和功能对社会运行与发展需要的满足。高校教育管理的社会价值集中表现在它是培养又红又专、德才兼备、全面发展的中国特色社会主义的合格建设者和可靠接班人的重要手段，是构建社会主义和谐社会的内在要求。

（一）培养合格人才的重要手段

高校是人才培养的重要基地，其中心任务就是为中国特色社会主义建设培养合格的专业人才，而高校教育管理是高校人才培养工作的重要手段，在培养合格人才中发挥着不可或缺的重要作用。

1. 维护正常的教育教学秩序

高校的教育教学活动总是按照一定的制度和规章有目的、有计划、有组织地进行的，建立和维护正常的教育教学秩序是高校教育教学工作的内在要求和基本条件，需要有严格、科学的管理，包括高校教育管理。高校教育管理在维持高校教育教学秩序中具有特殊的重要作用。在高校教育管理中，实行严格的学籍管理，按照一定的制度和规定，有序地做好有关大学生入学与注册、课程和各种教育环节的考核与成绩记载、转专业与转学、休学、复学与退学、毕业与结业等各项工作，是建立正常的教育教学秩序的基础。实施系统的学习管理，引导大学生明确学习目的，提高学习的主动性和自觉性，规范大学生的学习行为，督促大学生自觉遵守学习纪律和考试纪律，形成良好的学风，是建立正常教育教学秩序的关键。加强对班级、社团等大学生群体的管理，引导大学生紧紧围绕学校的教育教学目标有序地开展班级活动、社团活动和其他课余活动，是建立正常的教育教学秩序的重要条件。

总之，高校教育管理是建立和维护正常的教育教学秩序的重要保证，没有有效的高校教育管理，就不可能有正常的教育教学秩序。

2. 激励、指导和保障大学生的学习行为

高校教育教学的过程是教师与学生双向互动、"教"与"学"辩证统一的过程。其中，"教"是主导，"学"是关键，学习是大学生的主要任务，是大学生能否成为合格人才的关键。高校教育管理则对大学生的学习行为起着重要的激励、指导和保障作用。高校教育管理对大学生学习行为的激励作用主要表现在：引导大学生充分认识学习的社会意义和个体价值，明确学习目的，以激发他们的学习动机；运用颁发奖学金和授予荣誉称号等方式，表彰学业优秀的大学生，以鼓励他们勤奋学习；把竞争机制引入大学生的学习活动之中，围绕高校教育专业学习，组织各种竞赛活动，以激发大学生的学习热情。高校教育管理对大学生学习行为的指导作用主要表现在：指导新生了解大学阶段学习的特点和要求，促进他们尽快实现从被动性学习转变为自主性学习；指导大学生根据社会需求和自身实际制定职业生涯规划，确定自己的职业生涯发展方向，明确学习目标；指导大学生掌握科学的学习方法，养成良好的学习习惯，不断提高自主学习的能力和学习效率；指导大学生积极开展社会实践活动，注重在实践中加深对专业理论知识的理解，在实践中提高自己的专业技能。高校教育管理对大学生学习行为的保障作用主要表现在：加强资助管理，切实做好助学贷款和助学金的发放工作，组织和指导大学生的勤工助学活动，为家庭经济困难的大学生安心学习、顺利完成学业提供必要的经济保障；开展大学生学习心理辅导，帮助大学生克服学业焦虑等各种消极心理，以积极健康的心态对待学习；等等。

3. 培养大学生的思想品德

中国特色社会主义建设所需要的合格人才不仅要具备良好的专业知识和能力素养，还要具备良好的思想品德。所谓思想品德，是指人在一定的思想体系指

导下，按照社会的言行规范行动时，表现在个人身上的相对稳定的特征，它是以心理因素为基础的思想与行为的统一体。培养大学生良好的思想品德，不仅需要深入细致的思想政治教育，还需要有效的管理。这是因为良好思想品德和行为习惯的形成有一个由他律到自律的过程。大学生各方面还未成熟，发展尚未稳定，加之每个大学生的思想基础不同，接受教育的主动性、积极性和自觉性也各不相同，因此，大学生自我管理、自我约束的能力尚有欠缺并存在差异。要帮助大学生提高自理、自律水平，使他们能够自觉地遵循社会的思想规范、政治规范、道德规范和法纪规范并形成良好的行为习惯，就必须在加强思想政治教育的同时，加强对大学生各方面的管理，注重大学生日常行为规范的训练。通过高校教育管理，科学制定并严格执行各项规章制度，强化行为管理和纪律约束，使大学生的学习、交往等各方面的行为都能够按照一定的规范有序进行，这不仅有助于培养大学生良好的行为习惯，还可以为思想政治教育创造良好的环境，增强思想政治教育的效果。

（二）构建和谐社会的内在要求

实现社会和谐始终是人类孜孜以求的社会理想，也是中国共产党和中国人民不懈奋斗的重要目标。党的十六大以来，我们党对社会和谐的认识不断深化，明确提出了构建社会主义和谐社会的任务。社会和谐是中国特色社会主义的本质属性，构建社会主义和谐社会是发展中国特色社会主义的基本要求和重要保证。高校教育管理作为对大学生这一特殊社会群体提供指导和服务的社会活动，在构建和谐社会中发挥着特有的重要作用，具有特殊的重要价值。

1. 高校教育管理是维护社会稳定、实现社会安定有序的重要保证

我们所要建设的社会主义和谐社会，应该是民主法治、公平正义、诚信友爱、充满活力、安定有序、人与自然和谐共处的社会。安定有序是社会主义和谐社会的内在要求和重要特征，也是实现社会和谐的基本条件。社会稳定则是安定有序的基本内容和重要表现，也是改革发展的前提。高校稳定是社会稳定的重要条件，高校稳定的关键又在于大学生。这是因为大学生的思想尚未成熟，存在着显著的矛盾性，他们关心国家发展，关注时事政治，追求民主自由，具有较强的

政治参与意识，但缺乏政治经验和社会生活经验，政治辨别能力不强，容易受到社会上错误思潮和不良倾向的影响。成千上万的大学生集中在高校的校园内，如果缺乏正确的引导和有效的管理，一些不良的倾向和问题很容易在大学生中扩散开来并造成不良的社会影响。因此，切实加强高校教育管理，正确引导大学生的社会活动和政治行为，妥善解决大学生在学习、生活、交往和就业中遇到的各种矛盾和问题，及时处理各种突发事件，以保持高校的稳定，对于维护社会稳定、实现社会安定有序具有特殊的重要意义。

2. 高校教育管理是构建和谐校园的重要手段

高校是现代社会中不可或缺的重要社会组织，担负着培养人才、推进科技进步、传播先进文化的重要任务。构建和谐校园是构建社会主义和谐社会的应有之义，也是推进高校科学发展的内在要求。通过加强高校教育管理，引导和组织大学生积极发挥在和谐校园建设中的主体作用，是构建和谐校园的重要保证。通过加强高校教育管理，建立和完善大学生参与民主管理的组织形式，引导、支持和组织大学生依法参与学校的民主管理和实行自主管理，切实维护和保障大学生在校期间享有的权利，引导和督促大学生全面履行法律规定的义务，自觉遵守国家法律和学校管理制度，能够有力地推进高校的民主法治建设。加强高校教育管理，妥善地协调学生与学校、学生与教师之间的关系，维护大学生的正当利益，实事求是地评价大学生的思想品德和学业成绩，公正地实施奖励和惩罚，正确地处理大学生的各种矛盾和问题，使公平正义在校园中得到弘扬。加强高校教育管理，督促大学生在学习考试、科学研究、人际交往和日常生活中坚持诚实守信，引导学生尊敬师长、友爱同学、团结互助，在校园中形成诚信友爱的良好风气。通过高校教育管理，充分调动大学生的积极性和创造性，围绕专业学习，开展丰富多彩的社团活动和社会实践活动，鼓励、组织和支持大学生开展科学研究、进行创造发明、尝试创业活动，使校园真正充满活力。通过高校教育管理，建立和维护学校正常的教育教学秩序和生活秩序，加强大学生的安全教育和管理，保障大学生的身心健康，有效预防和妥善处理大学生中的突发事件，努力建设平安校园，使校园实现安定有序。通过高校教育管理，引导和督促大学生自觉维护校园环境，节约用水、用电等，使校园成为人与自然和谐共处的生态校园。

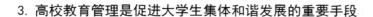

3. 高校教育管理是促进大学生集体和谐发展的重要手段

大学生党团组织、班级、学生会、社团等集体是大学生学习和日常生活的基本组织形式，直接影响着大学生的思想和行为，是大学生思想政治教育和管理的重要载体。大学生集体的和谐发展不仅直接关系着大学生个体的健康成长和全面发展，也直接关系着高校的和谐稳定和科学发展。高校教育管理包含着对大学生集体的管理，因此，其在促进大学生集体和谐发展中具有十分重要的作用。通过高校教育管理，引导大学生集体自觉遵循学校的有关制度和规定，紧紧围绕学校的人才培养目标和大学生成长成才的需要，积极开展丰富多彩的集体活动，充分发挥大学生集体在大学生自我教育、自我管理中的作用，可以促进大学生集体的发展与学校发展的和谐与统一。通过高校教育管理，切实加强大学生集体的思想建设、组织建设、制度建设和作风建设，引导大学生增强集体意识，主动关心集体发展，积极参与集体活动，弘扬团结互助精神，不断增进同学之间的友谊，注重相互沟通与交流，及时化解各类矛盾，促进大学生集体自身的和谐发展。通过高校教育管理，引导大学生党团组织、班级、学生会、社团等各类大学生集体正确处理相互之间的关系，加强相互之间的沟通和协调，做到相互配合、相互支持，形成大学生自我教育、自我管理的合力，促进大学生集体的相互和谐与共同发展。

三、高校教育管理的个体价值

高校教育管理的个体价值是指高校教育管理对大学生个体成长与发展的作用和意义，即高校教育管理的属性和功能对大学生个体成长与发展需要的满足。高校教育管理的个体价值主要表现在引导方向、激发动力、规范行为、完善人格和开发潜能等方面。

（一）引导方向

高校教育管理具有突出的导向功能，对大学生的成长和发展起着重要的导向作用。主要表现在以下三方面。

1. 引导政治方向

政治方向是政治立场、政治观念、政治态度、政治品质和政治信念的综合体，是人的素质中的首要因素，决定着人们思想和行为的基本倾向。我们党历来强调在人才培养上必须把坚持正确的政治方向放在第一位。引导大学生确立坚定正确的政治方向，即坚持中国特色社会主义的方向，是高校一项极为重要又十分紧迫的任务。要实现这一任务，首先要加强大学生的思想政治教育。高校教育管理的社会属性决定高校教育管理必然具有鲜明的政治方向性，并对学生的政治方向发挥引导作用。加强高校教育管理，加强对大学生的行为尤其是政治行为的管理和指导，引导大学生正确行使依法享有的政治权利，及时纠正校园中出现的错误倾向，维护和保障校园的政治稳定和政治安全，对于引导大学生坚定正确的政治方向具有重要作用。

2. 引导价值取向

价值取向是指人们基于自己的价值观在面对或处理各种矛盾、冲突、关系时所持的基本价值立场、价值态度以及所表现出来的基本价值倾向。价值取向决定和支配着人的价值选择，制约着人们思想和行为的方向。引导大学生掌握社会主义核心价值体系、坚持正确的价值取向有着尤为重要的意义。鲜明的价值导向是高校教育管理的一个显著特点。高校教育管理通过坚持和贯彻体现社会主义核心价值体系的管理理念，制定和执行以培养社会主义的合格建设者和可靠接班人为根本宗旨的管理目标体系和管理规章制度，对大学生的价值取向发挥重要的引导作用。

3. 引导业务发展方向

引导大学生确定既符合社会需要，又符合自身实际的奋斗目标，明确业务发展的方向，引导他们把自己的主要精力和时间投入实现既定目标的业务学习和实践活动之中，从而促进他们早日成才。高校教育管理在引导大学生业务发展方向方面的作用集中表现在：通过对大学生学习活动的指导，引导大学生根据相关专业的要求和自己的兴趣爱好确定专业学习的目标，从而明确在专业学习方面努力的方向；通过对大学生职业生涯规划的指导，引导他们根据社会需求、职业发展的趋势和自身的主观条件与愿望确定自己的职业理想，从而明确自己职业生涯发展的方向。

（二）激发动力

高校的系统教育为大学生的成长和发展提供了良好的条件，而大学生的健康成长和全面发展，关键在于大学生自身的主观努力，即主观能动性的发挥。高校教育管理具有显著的激励功能，在激发大学生内在动力方面具有突出的作用。高校教育管理对大学生的激励作用主要是通过以下 3 种路径实现的。

1. 需要激励

需要是人的行为动力的源泉，是行为动机产生和形成的基础。人的积极性能否得到最大限度的发挥，归根结底取决于其需要能否得到满足以及满足的程度。高校教育管理坚持"以人为本"的管理理念和"服务学生"的管理原则，关心大学生的实际需要，维护大学生的正当利益，扎扎实实地为大学生的成长和发展提供各方面的指导和全方位的服务，因此，也就必然会对大学生发挥重要的激励作用。

2. 目标激励

人的行为总是指向一定目标的，目标是人们期望达到的成果和成就，能够激发人的内在积极性，鼓励人们奋发努力。人们把目标的达成与满足自身需要的价值看得越大，目标能够实现的可能性就越大，目标的激发力量也就越大。高校教育管理遵循社会发展要求与大学生发展需要相统一的原则，科学地制定管理的目标，着力引导大学生根据社会需要和自己的兴趣爱好、主观条件合理地确定自己的学习目标和发展目标，从而对大学生发挥重要的激励作用。

3. 奖惩激励

奖励和惩罚是高校教育管理的重要方法，其目的就是通过运用正、负强化手段，控制大学生行为结果的反馈调节机制，以维持与增强大学生努力学习和践行大学生行为准则的主动性及积极性。奖励是通过奖赏、赞扬、信任等褒奖形式来满足大学生的需要，使其感到满足和喜悦，从而更加奋发努力的正强化手段；惩罚是通过造成被惩罚者对某种需要的不满足而使其感到痛苦和警醒，从而变消极行为为积极行为的负强化手段。高校教育管理通过恰当地运用奖励和惩罚，鼓励先进，鞭策后进，激励大学生奋发努力。

（三）规范行为

高校教育管理的一项重要任务就是要科学制定和严格执行各项管理规章制度和纪律，以规范大学生的行为，促进其形成文明的行为方式和良好的行为习惯。高校教育管理在规范大学生行为方面的作用主要是通过以下3种路径实现的。

1. 加强制度建设

制度建设是高校教育管理的重要内容。它是依据社会发展要求、人才培养目标和大学生健康成长与发展的需要，科学制定和不断完善各项规章制度，使大学生明确应该做什么、不应该做什么，应该怎么做、不应该怎么做，并引导和督促大学生规范自己的行为，逐步形成文明的行为方式。

2. 严格纪律约束

纪律是一定的社会组织为实现组织目标而要求其全体成员必须共同遵守并赋有组织强制力的行为规范。它是建立正常秩序、维系组织成员共同生活的重要手段，是完成各项任务、实现组织目标的重要保证，因此，是高校教育管理中不可或缺的重要手段。在高校教育管理中，通过严格执行学习、考试、科研、集体活动、校园生活、安全保卫等各方面的纪律，以约束和调整大学生的行为，并对其违纪行为及时做出恰当的处罚，可以有效地引导和规范大学生的行为，促进其良好行为习惯的养成。

3. 引导自我管理

自我管理是高校教育管理的重要路径。自我管理的一项重要内容就是激发大学生的自觉性和主动性，引导大学生自觉遵守管理制度，主动地用体现社会要求的大学生行为准则规范自己的行为，实行自我约束和自我监督。这种自我约束和自我监督既表现在大学生个体的自我管理中，也表现在大学生群体的自我管理中。在大学生班级、宿舍、社团等群体的管理中，充分发挥大学生的主体作用，引导大学生在民主讨论的基础上形成全体成员共同遵守的规章制度，并相互监督

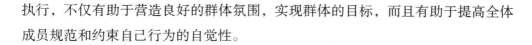

执行，不仅有助于营造良好的群体氛围，实现群体的目标，而且有助于提高全体成员规范和约束自己行为的自觉性。

（四）完善人格

人格是一个人所具有的稳定而统一的心理特征的总和。通俗地讲，人格就是一个人的品格、思想境界、情感格调、行为风格、道德品质、精神面貌等。人格既是个人发展状况的集中表现，也是个人发展的内在主观条件。人的全面发展内在地包含着人格的健全和完善。高校教育管理以促进大学生的全面发展为根本目的，因此，必须注重培育大学生健全的人格，以促进他们形成崇高的精神、高尚的道德品质、积极健康的心理品质。高校教育管理在完善大学生人格方面的作用主要表现在以下两方面。

1. 优化环境影响

环境是影响大学生人格形成和发展的重要因素，对大学生的人格具有陶冶和感染的重要作用。"近朱者赤，近墨者黑"说的就是这个道理。高校教育管理在营造良好的校园环境、优化校园环境影响方面具有重要作用。高校教育管理通过制定和执行合理的规章制度，建立和维护正常的校园秩序；通过有效的学习管理和班级管理，促进良好学风和班风的形成；通过对大学生交往活动的管理和引导，优化校园的人际环境；通过对大学生网络活动的管理和指导，净化校园的网络环境；通过对大学生社团与大学生课余活动的管理和指导，形成积极向上、丰富多彩的校园文化生活环境；通过对大学生生活园区的管理和大学生日常行为的指导，为大学生营造安定有序、文明健康的日常生活环境；等等。

2. 指导行为实践

实践是大学生人格形成和发展的基本途径。大学生所接受的各种教育，只有在实践中通过自己的亲身体验，才能真正为他们所理解、消化和吸收。大学生行为习惯的养成、实践能力的提高等，更是其自身长期实践活动的结果。因此，高校教育管理通过对大学生行为和实践活动的管理和指导，会对大学生人格的完善发挥重要作用。

（五）开发潜能

人的潜能是指人所具有的，有待开发、发掘的处于潜伏状态的能力，包括人的生理潜能、智力潜能和心理潜能。人的潜能是人的现实活动力量的潜伏状态和内在源泉，人的能力的发展，在一定意义上，也就是开发潜能，使之转化为现实活动力量，即显能的过程。人的潜能是巨大的。人的潜能的开发具有十分广阔的前景，大学生正处于成长和发展的关键时期，着力开发他们身上所蕴藏的丰富潜能，将他们内在的潜能转化为从事社会建设的实际能力和现实力量，是大学生培养工作的重要任务。高校教育管理作为大学生培养工作的重要组成部分，在开发大学生内在潜能方面发挥着重要作用。高校教育管理在开发大学生潜能方面的重要作用主要是通过以下三种路径实现的。

1. 指导学习训练

学习和训练是开发潜能的基础。只有通过系统的学习和训练，掌握必要的知识和方法，才能使潜能得到正确的、有效的开发。高校教育管理通过对大学生学习活动的管理和指导，引导大学生确立正确的学习目的、掌握科学的学习方法，不仅可以充分发掘大学生在学习方面的潜能，以提高他们的学习能力，而且可以促进大学生系统地掌握专业理论知识和方法，使他们在专业方面的潜能得到开发和发展。

2. 运用激励机制

激励是开发潜能的重要手段。通过激励，可以充分调动人的主观能动性，打破人安于现状的消极心态，振奋人的精神，转变人的态度，激发人的兴趣，调整人的行为模式，从而达到开发潜能的目的。激励是高校教育管理的重要手段。高校教育管理通过运用激励机制，引导大学生明确努力方向和成才目标，奖励成绩优异、表现突出的大学生，可以调动大学生的主动性和积极性，激发他们奋发向上的进取精神，促进他们不断地开发自身内在的潜能。

3. 组织实践活动

实践是潜能转化为显能的中介和桥梁。人的潜能只有在实践中才能逐步显现出来，并得到真正发挥，从而转化为显能。高校教育管理通过支持和指导大学

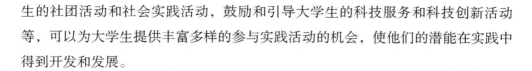
生的社团活动和社会实践活动，鼓励和引导大学生的科技服务和科技创新活动等，可以为大学生提供丰富多样的参与实践活动的机会，使他们的潜能在实践中得到开发和发展。

第三节　高校教育管理的原则

高校教育管理的原则是在高校教育管理过程中必须遵循的基本准则。高校教育管理原则主要依据高校教育管理的内在规律、实践经验及党的路线、方针、政策确定。新形势下，高校教育管理原则主要包括方向性、发展性、激励性和自主性等。

一、方向性原则

高校教育管理坚持方向性原则，主要涉及培养什么样的人、如何培养人的根本性问题。高校教育管理是高校办学的重要方面，是学校育人环节的重要一环。

方向性原则是指确定高校教育管理目标，进行高校教育管理活动，要与高校育人工作的总目标相一致，要与党和国家的教育方针、政策和法律法规中规定的教育目标、管理目标等相一致。

方向性原则是高校教育管理中具有决定性意义的原则。只有坚持这一原则，才能促进高校教育管理沿着高等教育育人工作的总目标发展，才能保证高校教育管理的正确方向，才能有利于培养全面发展的社会主义的合格建设者和可靠接班人。

坚持方向性原则，是由高校教育管理的社会属性决定的，也是我国高校教育管理历史经验的总结。

在高校教育管理中坚持方向性原则，关键是要做到以下三点。

（一）增强管理人员的政治意识

高校教育管理是具有鲜明的政治方向、价值导向的。任何社会的高校教育管理都是为一定社会阶级服务的。不同社会的高校教育管理的目的、理念、任务、方式和方法等都有显著的差异。体现高校教育管理的方向性，首要的问题就是增强管理人员的政治意识，促进管理人员有意识地在管理过程中思考管理的政治方向和价值导向。管理人员要把方向性要求贯穿在高校教育管理全过程和具体的活动中，引导大学生积极投身改革开放和社会主义现代化建设，在为祖国、为人民的不懈奋斗中实现自己的人生价值。

（二）以制度的合法性体现管理的政治导向性

坚持方向性原则，就必须自觉接受党的领导，其核心是坚决贯彻党的路线、方针、政策。学校的各项制度就是贯彻党的路线、方针、政策的主要载体，也是一定的社会政治方向、价值导向等的具体体现。因此，学校层面制定的高校教育管理各类相关制度，一定要与国家的法律法规相一致。通过合法制度来保障高校教育管理的方向性，要注重把方向性原则融入制度建设和执行的全过程，使大学生坚定社会主义的理想信念，在实践中成长成才。

（三）按时代需求及时调整管理目标

坚持方向性原则不仅体现在政治方向上，而且体现在管理是否能为党和国家的中心任务服务。不同时期的党和国家的任务是不同的，对人才的需求也是不同的，这就要求高校教育管理紧扣时代主题，不断调整管理目标，创新管理模式。目前，发展是时代主题，经济建设是党和国家的中心任务，要根据这一中心任务制定具体的高校教育管理目标。

二、发展性原则

高校教育管理坚持发展性原则，包括两方面的内容：一是管理工作本身要不断发展；二是通过管理促进学生的全面发展。从管理工作本身来看，随着我国社会政治、经济、文化的不断发展，社会生活发生了复杂而深刻的变化，高校教

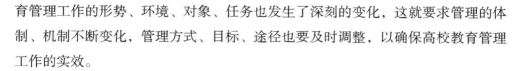

育管理工作的形势、环境、对象、任务也发生了深刻的变化，这就要求管理的体制、机制不断变化，管理方式、目标、途径也要及时调整，以确保高校教育管理工作的实效。

通过管理促进学生全面发展，关键是要做到以下三点。

（一）树立发展意识

思想是行动的先导，有什么样的发展理念，就会有与之相应的管理方式和结果。传统的高校教育重管理，把管住学生作为管理的出发点。个别管理人员往往以强硬的制度规范约束学生的行为，以训诫、命令代替沟通。这些方式往往会伤害大学生的自尊心，挫伤大学生的自主性，有悖于大学生的全面发展。高校教育管理坚持发展性原则亟须转变传统的观念，要有意识地把大学生的全面发展作为管理活动开展的前提。在高校教育管理中，应牢固树立促进大学生全面发展的责任感和紧迫感，打破思维定式，以新的发展观念指导管理决策，制订管理计划，谋划大学生的全面发展。

（二）不断推动管理创新

通过管理促进大学生的全面发展，需要同时注重管理本身的发展，而管理的发展实际上是创新。服务于大学生全面发展的管理创新就是在遵循高校教育管理规律的基础上，与时俱进，坚持继承与创新相结合，创造性地开展工作，促进大学生全面成长和成才。目前，高校教育管理的机制、途径、方法和载体都是在过去的环境条件下，针对过去的情况产生的。如果固守原有的管理方法必然不能较好地适应今天的需要，解决不了今天的问题。为此，创新高校教育管理工作成为时代和社会赋予高校的重任。

（三）统筹资源，形成促进学生发展的合力

一直以来，我们在高校教育管理的实践工作中都强调高校学生管理，它包括管理学生和服务学生两大方面，但在具体操作上管理却总是多于服务。实践证明，把职业生涯规划、生活帮扶、大学生就业指导、心理辅导等贯穿管理始终更易于发挥大学生的主观能动性、激发大学生的创造性，从而促进大学生的发展。

要理顺学校各管理部门的关系，通过部门间的相互协调、相互联系，将组织内部各个要素联结成一个有机整体，使人、财、物、信息、资源等得到最佳配置，形成促进大学生发展的合力。

三、激励性原则

激励性原则，是指高校教育管理中利用一定的物质手段或精神手段，引导学生思想行为的变化，调动学生的积极性、创造性，使学生的潜能得到最大限度的开发，从而实现管理目标的基本准则。在高校教育管理中，恰当运用激励性原则，使管理活动更易被学生接受，更好地实现管理目标。

激励效果的好坏取决于在激励过程中采取的手段、方式能否针对大学生的发展实际，能否满足大学生的需要，能否在大学生内心形成自我激励的内在动力等。因此，在高校教育管理中贯彻激励性原则，关键是做到以下三点。

（一）运用正向激励手段

高校在学生管理过程中科学、合理地运用激励机制，有助于调动大学生的主观能动性和创造性，改变大学生的观念、行为。正向的激励主要有两种：一种是物质上的，主要指金钱或实物，物质利益的需求和满足是人生存和发展的一个必备条件，对大学生进行一定的物质激励有助于调动大学生的积极性、主动性；另一种是精神上的，主要指通过各种形式的表扬，给予大学生一定的荣誉。正向的激励有助于大学生将外部的推动力量转化为自我奋斗的动力，充分发挥自身潜能，从而有效地激励大学生成长成才。在高校教育管理中，要协调好物质激励和精神激励的关系，依据大学生的实际情况采取相应的激励手段，以确保管理效果。

（二）树立榜样激励

榜样使人有目标、有方向。因此，要善于树立榜样、培养榜样、宣传榜样，并鼓励学生学习榜样、争做榜样、成为榜样。

（三）采取情感激发的方式

情感，是人格发展的诱因，是青年追求美好生活的动力。要确保管理目标的实现，一般都要有感情的催化。当管理人员与大学生平等相待、敞开心扉、相处愉快时，管理活动就比较容易开展；当双方针锋相对、互不理解时，大学生往往会产生抵触情绪，管理效果就会大打折扣。因此，管理人员不仅要以制度约束人，而且要以真情感染人，注重沟通，消除疑虑，用欣赏的眼光去看待大学生，使每一个大学生的需求得到尊重、疑惑得到解决、特长得到发挥。

四、自主性原则

自主性原则是指高校在进行教育管理时，使大学生参与管理过程，充分调动大学生的积极性和创造性，进行民主管理，实现自我管理和自我服务。高校教育管理遵循自主性原则，是由两方面决定的：一方面有利于育人目标的实现。管理的目标是育人，这就要求将外在的行为规范转化为内在的思想观念，从而支配管理对象的行为。如果不调动大学生的主观能动性，大学生就难以接受管理，管理的实效性就难以发挥。另一方面有利于满足大学生自主管理的现实需求。随着我国社会主义市场经济体制的不断完善，高等教育逐步走上经济社会发展的台前，市场经济的自主、平等、竞争、法治精神对高校师生的影响不断深化，大学生自主意识不断增强，渴望在各项事务管理中充当主角，自己管理自己，充分发挥主观能动性，实现自我管理、自我服务。

在高校教育管理中坚持自主性原则，关键是要做到以下三点。

（一）唤醒大学生的自主管理意识

在高校教育管理过程中，要营造轻松、愉快的氛围，使大学生的自主需求得到尊重。同时，要使大学生体会到自主管理的成就感，享受自主管理收获的成果。

（二）打造大学生自主管理平台

辅导员要抓好班委会、团支部、学生会等以学生组织为载体的自主管理平台，增强凝聚力、吸引力，建立定期流动机制和激励机制，充分保证大学生广泛地参与自主管理。辅导员要敢于充分"放权"，敢于把高校教育管理工作交给学生，实现大学生的自我管理、自我服务。

（三）加强对大学生自主管理的指导

自主管理不等于放任自流，只有加强对自主管理的指导，才能保证管理的方向和实效。具体要把握 4 个方面：一是明确方向，定准目标，告诉学生工作要达到的程度和取得的效果；二是定好标准，明确思路，告诉学生怎样开展工作；三是做好监督，对学生的工作情况进行跟踪观察，时刻关注工作进展；四是及时反馈，帮助学生及时调整方向，确保学生工作在正确的轨道上进行。

第二章

高校课程管理创新

第一节　高校课程简介

一、课程

（一）课程作为学科或教材

把课程视作学科、教材，是最普遍、最常见的对课程的定义。课程还被看成是学科的内容或教材。学科内容是课程的纲要，教材包括教科书、课程指引、科目纲要、媒体资料等。

若把课程看成学科的内容或教材，那么科目编排，教材与教科书、课程材料的编制等就成了课程发展的重点。其优点在于："课程作为学科"强调以知识为中心和知识的逻辑与结构，强调向学生传授学科的知识体系，这就促使教育工作者注重学科的结构和探究方法，以及教材的更新等；其缺点是：教师和学生仅仅是课程的执行者和接受者，片面地强调课程内容，并把课程内容局限于学科知识，忽视了学生在各种活动中所获得的经验，忽视了学生智力与创造力发展，忽视了教学策略、教学方法等课程设计工作。若把课程内容与教师的"教"、学生的"学"割裂开来，课程将成为外在于学生的静态的东西。

（二）课程作为经验

这种课程定义视课程为学生在教师的指导下或自发所获得的经验。持此观点的是美国教育家约翰·杜威（John Dewey）。他反对把课程作为一套活动或预先设定目标，认为教育目的和手段是同一过程中不可分割的部分，把课程视为学生在教师的指导下或自发所获得的经验。

用经验来定义课程，拓展了课程的内涵。一方面，经验比知识含义更丰富、更广；另一方面，学生在课堂上所学的主要是书本知识，不能用"知识"来定义课程。课程包含了教师教学，学生的学习过程和学习结果，转化成学生的直接经验。其优点在于：提醒人们重视学生的学习环境与学习兴趣、个人爱好与个人需要等，告诉人们课程的开发人员不仅仅是学科专家及其他教育工作者，教师和学生也都是极其重要的角色；其缺点是："课程即经验"定义的范围过宽，既面临如何区别对待合理与不合理经验，学习有关或无关经验的困难；又面临怎样区分正规学习活动与课外活动，以及如何发挥知识在学习发展中适当作用的难题。同时，每个学生的基础和经验不同，教师怎样与能力参差不齐的学生对话、交流，费尽心思，也会形成一种难以促进个人发展的课程困境。另外，"课程即经验"忽视了系统知识对学生成长与发展的作用。

（三）课程作为目标或计划

此种课程定义把课程看作在教与学过程中要达到的目标和预期的教学结果，是预先设定的教学计划或教学蓝图。许多理论家都持这种观点。

在这样的课程观指导下，目标或计划的选择与制定成为其核心工作。课程的重点只是关心目的，内容、学习活动、评价程序等都不属于课程。其优点在于：强调课程的目的性，就意味着可操作性强，并提示人们重视目标与计划，通过良好的计划向学生提供各种学习机会；其缺点是：过分强调预先计划而缺乏灵活性，不容易顺应变化了的教育环境及客观要求。片面强调课程目标和计划，容易把课程目标、计划与课程过程、手段割裂开来，容易忽视学习者的经验，课程成了教学过程和情境之外的东西。

不同的课程定义有着各自独特的作用，在课程领域均有其各自的侧重点，在课程发展的不同阶段均有其各自的适用性。分析不同阶段的课程活动，可选用不同的课程定义。在课程的设计阶段，选择课程作为学科的目标或计划较为合适；在课程评价阶段，选择课程作为经验较为合适。

二、高校课程

（一）高校课程的含义

高校课程是高等教育体系中极为重要的一个概念，它是高校教育内容最集中、最具体的体现，是高等教育学科体系及其教育活动的总和，是实现培养目标的手段。

课程的定义分为狭义和广义两类：狭义的课程是指被列入教学计划的各门学科，及其在教学计划中的地位和开设顺序的总和；广义的课程则是指学校有计划地引导学生为获得预期的学习结果而付出的一切综合性的努力。

（二）高校课程的特点

与基础教育课程相比，高校课程具有其自身鲜明的、基本的特点。

1. 高校课程具有明显的专业性

高校课程大多以知识为导向，以学科为经纬，结合社会需要进行安排与组织，使得高校课程具有明显的专业性质。不管高等教育改革如何强调基础、淡化专业，实现课程综合化，但知识体系是以课程的形式确定下来，而课程体系又是以专业来构建的，专业性是高校课程的本质属性、是高校课程的明显特征。

2. 高校课程的内容具有前沿性

首先，科学技术不断发展，要求高校不断更新课程内容，吸收科学技术发展前沿的最新研究成果。只有这样，课程才能不断丰富和发展。其次，高校也是开展科学研究的机构，教师可以把科学技术发展前沿的最新研究成果直接引入课堂，当然科学研究的发展也能从教学中吸取营养。最后，高校在人才培养上，不仅要传授学生专业知识，还要培养学生科学研究、探索未知世界的能力。因此，在课程内容中要有科学技术发展的最新研究成果，要有科学技术发展过程中尚有争议的问题或尚无定论的问题，使课程内容始终处于科学技术发展的前沿。况且学生已具备接受各专业领域最新研究成果的能力，对不同的观点有一定评判的能力。

3. 高校课程具有注重能力培养的探究性

高等教育是一种高层次的教育。学校在给学生传授现有知识的同时，要突出培养学生科学研究能力，激发学生探索未知世界的欲望，把本学科正在解决或尚未解决的问题，尚无定论或尚有争议的观点提供给学生，激发学生的探究欲望。另外，教师在课程的整个教学过程中也要常常贯穿自己的科研历程和思维方式，以激发学生的探究欲望。

4. 高校课程总体结构具有复杂性

就课程的总体结构而言，高校课程具有复杂性。从纵向关系看，高校课程具有多层次性、多规格性，如专科课程、本科课程、研究生课程等，它们因教育目标的不同而采用不同的课程教学策略和方式；从横向关系看，高校各系科之间的课程结构关系复杂；从高校某一专业课程结构看，一般设有专业课、专业选修课、公共课、公共选修课等，这些课程的开设为实现学生全面发展服务。另外，高校课程的形式也是多样、复杂的，如讲授课、讨论课、实验课、实习（生产实习、教学实习）、社会调查、生产劳动、毕业论文、毕业设计等形式。

（三）高校课程的类型

划分标准不同，课程类型也就不同。高校课程可以按课程的性质划分，按课程的表现形式或影响学生的方式划分，也可以按课程的组织方式划分，还可以按课程的管理层次、课程的选读要求划分。可以将高校课程划分为以下五种类型：专业课程和通识课程、理论课程和实践课程、必修课程和选修课程、显性课

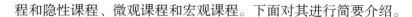
程和隐性课程、微观课程和宏观课程。下面对其进行简要介绍。

1. 专业课程和通识课程

专业课程是根据国家教育行政部门划分的专业，为学生提供专业基础理论、基本知识和基本技能的课程。通识课程是为学生提供的一种共同的、综合的、非专业性、非功利性、非职业性、不直接为职业做准备的知识和态度的基础性课程。专业课程在于让学生掌握本专业的基本知识和基本技能，提高学生的专业素养，培养专业领域的高级专门人才。

通识课程则在于培养学生既具有广博知识、高尚人格，又具有深厚文化底蕴、反思批判等科学精神；既具有工作的能力和生活的情趣，又具有关爱他人、关爱社会及自然的人文情操和超凡脱俗的较高境界。

专业课程和通识课程紧密联系、不可分割。高校课程的建设与实施应注重这两类课程的结合，以顺应时代的要求并实现学生的全面发展，使学生在掌握知识和本领的同时，更能领悟到人生的意义和生存的价值。

2. 理论课程和实践课程

理论课程是指使学生掌握有关专业所必需的原理、规律及方法等知识的课程，它包括基础理论课程和专业理论课程。实践课程是为培养学生实践性或应用性能力的课程，它包括实验、实训、课程设计、毕业论文（设计）、社会调查及社会实践等。

学生通过基础理论课程的学习，掌握该专业的基础理论、基础知识和基本方法，为学习学科知识和进行科学研究打下坚实而深厚的理论基础。学生通过专业理论课程的学习，掌握本学科的专业知识和方法，了解本专业最新研究成果和发展趋势。实践课程不仅要训练学生的技能，更重要的是发展学生的实践智慧，发展学生的实践能力。它着重培养学生解决实际问题的能力和持续专业发展能力、专业精神，重视学生的生活世界和个体体验，注重学生的精神境界、道德观念和终身发展。

理论课程和实践课程并非二元对立。理论课程包含实践的因素，而实践课程也包含着理论的因素。因而，在高校课程建设中只有把理论课程和实践课程有机地融合在一起，才会避免两者在时空上的分离与脱节。

3. 必修课程和选修课程

必修课程是指某一专业、某些专业或所有专业的学生都必须学习的课程，它具有较强的基础性、统一性、稳定性。选修课程是指除必修课程之外的课程，学生可以根据自己所学专业，也可以根据自己的兴趣、爱好、特长和个性来任意挑选的课程。必修课程教学内容具有基础性、统一性，对构成具体的、基本的人才培养规格具有重要作用，是学生都必须学习、掌握的知识和技能。选修课程教学内容具有独特性、灵活性、自由性和交叉性，对构成特定的、特殊的人才培养规格具有重要作用。学生可以选修自己所学专业的高深理论或相近专业的相关课程，也可以选修跨专业、跨学科门类、跨学院甚至跨学校的公共课程。

必修课程在于保证学校学科专业所培养的人才的基本规格和质量。选修课程则在于扩大学生的知识面，发展学生的某一专长，满足社会经济发展对多元化人才的需求。

对于高校人才培养，必修课程从根本上规定和保证了人才培养的方向和需要。而选修课程则更好地适应社会经济的发展和科学技术的进步，体现因材施教的教育思想。必修课程和选修课程在人才培养上相互促进、互为补充。高校要想满足学生个性化发展需要，扩大学生的自主学习空间，促进学生知识结构上的交叉与渗透，就必须要有目的、有计划地增大选修课程的比例，增强课程的弹性。

4. 显性课程和隐性课程

显性课程是指学校课程计划中明确规定的学科，以及展开教学活动的课程，它是为达到一定的教育目标，有目的、有计划、有组织地来设置的；隐性课程是指学校课程设计中未明确规定的学科、课程，是无意间的学习经验。

如果说显性课程是一种理性教育课程，那么隐性课程则是一种非理性教育课程。学生通过显性课程的学习，能够形成认知、技能体系，培养理性思维能力；而通过隐性课程的学习，则能养成正确的道德观、情感观、价值观和世界观。隐性课程的这种重要作用是显性课程不可替代的，我们要逐渐改变过去那种"一切为教育目标的实现"而全部依赖显性课程的传统观念。

显性课程和隐性课程是高校课程系统的有机组成部分，两者不可或缺，不可偏废。就学生的受教育过程而言，理性教育与非理性教育往往交织在一起。高

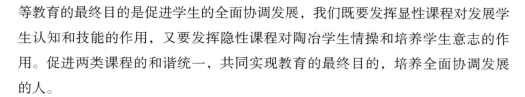

等教育的最终目的是促进学生的全面协调发展，我们既要发挥显性课程对发展学生认知和技能的作用，又要发挥隐性课程对陶冶学生情操和培养学生意志的作用。促进两类课程的和谐统一，共同实现教育的最终目的，培养全面协调发展的人。

5. 微观课程和宏观课程

微观课程是指各自独立的教学科目或学科。例如，高校工科中的数学、计算机语言、材料力学等科目；文科中的西方哲学、世界通史、语言学等科目。对其研究，目的在于使单门学科或者科目的教学内容更适应时代要求。紧紧跟上时代发展步伐，使教学方式更加行之有效，使教学组织形式更加灵活开放。宏观课程是指作为某种人才培养方案的课程总体，这门课程总体既可以指某一专业的课程体系，也可以指整个学校中某类共同课程的课程体系，如师范类的教育科学课程体系、工科类的基础课程体系等。对其研究，目的在于探究如何设立整个人才培养目标及设立的依据，探讨哪些东西最值得学生学习，如何把最值得学习的东西与教育教学活动有机结合起来，从而更好地实现人才培养目标。

微观课程和宏观课程关系密切。首先，微观课程是宏观课程的依托与基础。对课程总体的深刻把握建立在一门门学科或科目，一项项教育教学活动基础上。其次，对微观课程的研究要以对宏观课程的研究为指导。课程的基本问题即"教什么"的问题，是对课程总体的要求，每门学科或科目以及各项教育教学活动必须以课程总体要求为准绳；高校主要是通过多门学科或科目与各项教育教学活动协调作用来实现培养目标的。此外，整体功能大于部分之和，课程总体是根据培养目标的要求形成一个有机的整体。对整体中各门学科或科目以及各项教育教学活动的内容、方式等的选择和确定，也是基于追求和理解"整体功能大于部分之和"。目前，我国高校课程表现出重微观轻宏观的倾向，所以在课程改革过程中，要注重加强对宏观课程的研究。

高校课程因划分标准不同，可分为不同的类型。不管是哪种分类，都有其合理性，发挥着不同的作用。所以在课程教学与研究中，要注重它们之间的互通性，不断推动课程的发展。

第二节 高校课程管理的内容与意义

一、高校课程管理的内容

高校课程管理活动具有鲜明的目的性、计划性，主要是对包括课程编制、课程实施、课程评价在内的管理活动过程。以学校课程管理的阶段划分，高校课程管理包括课程生成性系统管理、课程实施系统管理以及课程评价系统管理。

（一）课程生成性系统管理

在课程管理领域，最基本、最核心的问题是课程生成管理问题。在课程生成系统中，课程编制是核心，包含课程目标的确定、内容的选择与组织等环节，在范围上这与教学计划的制订过程基本吻合。从理论上讲，课程生成性系统管理是高校课程管理的第一步。课程编制就是如何安排课程或对课程做出计划，它是课程管理的核心部分和课程管理研究的重要领域。这种计划活动需要一定的理论来指导，并需要借助一定的方法来实现预期的目标。因此，需要进行这方面的理论和方法的研究。课程编制理论在性质上主要属于应用理论和技术理论。最早的课程管理研究活动大多是围绕课程编制而进行的。

课程编制的管理大致包括两个大的方面：课程编制者的管理和课程编制过程的管理。

1. 课程编制者的管理

课程的编制质量如何，很大程度上取决于课程编制者的水平。所以，对课程编制者的管理在课程管理中处于主导地位。与此涉及的理论问题是课程编制中对主体的选择问题、主体的知识结构问题、主体在编制活动中的规划问题。课程编制者在实践上需要理论的指导。而对整个编制过程中编制者活动的监控与协调，则要通过一定的方法转化成某种进行管理或监控的手段。

2. 课程编制过程的管理

课程编制是一个比较复杂的过程，会涉及课程的组织、结构以及处理课程资源不足等问题。从课程组织和编制的角度看，高校课程可以分为三个层次，即单门课程的编制、培养方案的编制和以学院或学校为单位的课程编制。那么对课程编制过程的管理主要是对这三个层次的管理。这三个层次上，教师、管理人员和领导者分别承担相应课程管理责任。对教师而言，在三个层次的管理责任和权力上也有区别。例如有的教师承担着制订培养方案的负责人的角色。所以通常也可以把教师再分为两类，即普通教师和承担培养方案制订工作主要责任的教师（通常为分管教学工作的系主任或院长）。如何提高课程体系中有学术价值课程的比例，一是营造积极向上的学校氛围。学校领导者要通过人事制度和分配制度改革来激发广大教师和管理人员的积极性，更多地生成有学术价值的课程。二是进行有效的课程管理。在培养方案的制订过程中，建立对话机制、协商机制，协调不同意见，以相互协作的方式来编制课程，这样将会加大课程体系中有学术价值课程的比例。当然，这就要求课程管理人员既要具备协调各种不同意见的能力，又要具备认识影响课程的各种因素的能力。

（二）课程实施系统管理

完善的课程体系是人才培养的重要保障。只有有效地组织课程实施，完善课程体系才能在人才培养中真正发挥作用。否则，再好的课程体系也没有任何存在的价值和意义。在课程实施系统管理中，要以实施过程为核心。学校对课程实施进行管理，一方面要决定在教育活动中实施哪些课程；另一方面要对课程实施进行调试，生成并开发课程。课程实施最主要的是将课程理想变成课程现实，实现实时教学。但这并不是唯一的途径，如社会实践、研究性学习等，也是课程管理的内容。

目前，高校实施学分制，课程实施管理工作变得更加复杂。从排课、选课、授课到课程考核，既要有规范的制度约束，又要有开放的、灵活的管理机制。规范的制度约束主要是指建立规范化、制度化的保障体系，使课程实施的各个环节均有章可循。例如，严格课程教学、实验实习、作业论文、课程考试等方面的常规管理。开放性的灵活机制是指要注意课程管理的灵活性和弹性，在学生选修、免修、重修，学分和成绩认定，选择教师等方面的安排上有一定的灵活性。例如，学生可以自主选择部分课程、自主选择修读方式、自主选择修读时间、自主选择老师，等等。这样才有利于激发学生的学习热情，促进学生的良性发展。这里只从大的方向对课程实施过程的管理做了说明，未对具体的课程实施所涉及的各部分进行详细的管理说明，不过为细化管理指明了方向。

（三）课程评价系统管理

课程评价检查课程的目标、编制和实施是否实现了教育目的，实现的程度如何，以判定课程设计的效果，并据此做出修正课程决策，对课程建设的目标具有一定的导向作用。课程评价的根本目的在于通过评价活动发现课程中存在的问题和不足，找出原因，从而做出相应的改进。通过对课程评价的管理，在一定程度上可以调节课程设置、监督课程实施、促进课程建设。

课程评价管理主要包括学业成绩测验管理和发展性课程评价管理两个方面。在学业成绩测验管理中，要加强编制工作、编制人员、考试测验实施、测验信息反馈和质量分析的管理；在发展性课程评价管理中，要树立科学的发展性课程评价观，加强对制订与改进学生学习计划的指导，加强对教与学过程中的评价管理。在学业成绩测验管理和发展性课程评价管理中，都要"以学生发展为本"来引导课程建设工作不断走向规范化，实现高效化。

二、高校课程管理的意义

进行科学有效的课程管理对实现高校的教育目标、学生自身发展的目标和确保整体课程质量，意义重大。

（一）加强课程管理能够保证课程实施的顺利进行

课程管理的效果关系到课程实施的成败。课程实施是将课程计划、方案付诸行动的过程，是实现课程预期目标的基本途径。从课程计划、方案到取得实施效果的过程中，要对影响课程实施的诸多因素不断进行组织与协调；根据反馈的信息和总结的情况，要对课程计划、方案适时进行调整与修改；对出现的问题和偏差及时进行解决与纠正，以充分开发课程资源，有效地整合和利用课程资源，保证课程的顺利实施以及课程目标的实现。而这个过程中所要做的工作正是课程管理的主要内容、主要任务。因此，课程管理是课程顺利实施的关键，是课程实施取得成效的重要保证。

（二）加强课程管理有利于教师素质和专业化水平的提升

教师是课程实施的主体，教师的素质和专业化水平对于课程的顺利实施、课程预期目标的实现有着重要影响。研究和实践表明，专业自主是教师专业化发展的本质要求与必要条件。教师专业自主是指教师在专业发展中主体性的充分自我实现，教师是否拥有相当的自主决策的权利，是学术自由和教师专业的一部分，也是衡量教师专业化水平的一项重要指标。教师参与课程决策、课程实施与课程管理是提高教师素质和专业化水平的重要途径之一。让教师参与课程决策，教师会积极思考如何为课程方案的制订提供有效信息，如何使课程方案制订得更科学、更合理；也会对课程方案有更深入的理解，有助于他们更好地实施课程方案。教师进行课程实施、参与课程管理，实质上是在进行着一种创造性劳动、一种课程变革。因而教师就会根据课程方案，全面系统地考虑影响课程的各种因素，对自己的思想和行为、教学目标与内容、教学方式与方法进行调整。也会根据教学情境，对课程方案进行调整和改革。教师的素质和专业化水平就是在这种专业性实践中养成和提升的。所以，加强课程管理，有利于充分发挥教师的专业自主权，激发教师参与课程变革专业性实践的积极性，不断丰富教师的专业知识，提高教师的专业技能，促使教师不断反思、研究自己的工作，创造性地开展工作，增进专业自信力。

（三）加强课程管理提高课程的适切性

目前，我国课程管理权不断下移，给了学校足够大的管理空间，充分调动了学校课程管理的自主性和创造性。其主要目的就在于增强课程的适切性，更好地为育人服务。高校有了课程管理自主权后，应鼓励教师积极开发校本课程。开发校本课程一定要根据学校的具体情况，充分挖掘和利用学校所在地优势和学校自身资源；尊重师生个体差异性，正确对待差异；重视学校自身特色及其发展；同时也要注意学科知识的系统性、科学性与逻辑性，以确保课程教材的学术性。校本课程，是课程管理权再分配的结果，它可以照顾到国家、地方课程体系难以照顾到的学生的差异性和层次性，增强课程对不同地区和学校发展的适应性。加强学校课程管理，充分合理地利用、协调和调动各种课程资源，为教师充分准确地理解课程意图提供帮助，为教师间、师生间交流搭起桥梁，为师生参与课程发展给予机会，为教师个性化、创造性地实施课程创造条件。国家在尊重地方和学校课程管理自主权的同时，应加强对课程实施与管理的指导，完善资助地方和学校课程管理的措施，加强国家层面的课程管理。

（四）加强课程管理优化教学计划

教学计划可以理解为教授课程的计划，但这里的课程应是广义的课程，包括显性课程、隐性课程和社会课程等。各自独立的课程是教学计划的一个个"点"，有它独特的价值，在学生培养中起着一定的作用。通过课程管理，使各课程的地位和价值更加清晰，作用与意义更加突出；淘汰过时的课程，增加受学生欢迎的课程，从而使教学计划修订进入良性循环。

第三节　高校课程管理创新与发展的策略

一、增强课程管理意识

增强管理人员的课程管理意识，具体来说，可以通过以下方式进行。

第一，要纠正管理人员的思想偏差，提高其思想认识，改变以往完全自上而下执行国家教学计划、教学大纲和教材编订的做法。在人才培养过程中，要自觉地、积极地面对社会需求，认真设计人才培养总体方案，及时制定和调整培养目标，慎重选择和组织课程内容并精心组织课程实施；要认识到课程开发者不仅仅是课程专家和学科专家，教师也是课程决策和课程管理的参与者和课程的开发者。

第二，要利用学校的报纸、网络等媒体宣传课程管理的重要性，介绍课程管理理念及课程管理的有关知识，切实做好对课程管理和学生成长的关注、关心。同时，把课程管理理念转化为实际行动，主动进行课程管理，增强课程管理意识，明确课程管理内容，使课程管理与课程改革、人才培养模式改革相互协调、相互促进。

第三，要通过讲座、研讨、专题研究等形式，加强课程管理原理、知识和技能的培训，提高解决课程管理问题的能力。

第四，要赋予课程管理人员更多的管理权利和责任，使其更多、更主动地参与课程计划或开发管理，课程编制管理，课程实施和评价反馈管理等环节。及时发现并解决这些环节中出现的问题，让课程管理人员领会课程的生成性、实施的情境性，为课程有效地实施积极创造条件。在实践中增强其课程管理意识，因为主动参与社会实践活动是人的意识的重要标志。

二、深化课程管理理论研究

在课程管理过程中，如果仅凭积累的知识和经验来实施管理具有很大的狭隘性和局限性。必须通过科学的理论来做指导，才能达到更好的课程管理效果。

没有理论作指导，课程管理工作会陷入盲目，很难取得高效发展。因此，必须深化课程管理研究，促进课程改革的深入和课程管理的科学化，使课程理论不断走向成熟。

对课程管理进行理论研究，必须弄清楚课程管理的基本领域和课程管理独有的研究领域。课程管理研究的基本领域主要包括课程生成系统、课程实施系统和课程评价系统管理。然而，传统课程管理因为注重实效性，往往比较注重课程实施系统管理和课程评价系统管理，致使课程生成系统管理的研究成为我国教育理论研究领域的一个空白，而它却是课程管理中最基本、最核心的问题。另外，我国课程管理研究者的研究应与实践相结合，由重基础理论研究转向应用性研究，加强对应用过程中管理原则、操作规范、方法和技术的研究。在深化课程管理理论研究的同时，要把研究成果运用于课程管理实践，理论的深化和发展也需要实践的检验与支撑。我们应做到理论与实践相结合，及时发现并解决课程管理过程中的具体问题，使课程管理理论更好地指导课程管理实践，从而进一步丰富课程管理理论，不断提高课程管理水平。但值得注意的是，课程理论与课程管理理论之间有交叉的地方，不过两者有着各自的研究对象和研究领域，不能将两者等同。

三、健全课程管理体制

课程管理体制的建立是课程管理规范化的表现，关系到课程改革的全局。因此，必须建立科学合理的课程管理体制，促使课程管理系统有效运转，促进课程的改革与发展，提高课程整体质量和人才培养质量。

目前，课程管理权逐步下移，初步实现了高校课程管理自主化，学校在课程管理方面不像过去那样机械地、被动地接受上级的命令，执行上级的安排，拥有了很大的发挥空间。可以根据教学需要，自行制订教学计划、编写和选用教材、组织实施教学活动等。虽然如此，但我国的管理体制基本上是国家、地方、学校三位一体的管理体制，国家与地方管理基本属于宏观管理，学校管理属于微观管理。学校管理又分为学校与院（系）两级管理体制，而院（系）二级管理层对课程的管理更贴近实际。

我们要深化分级课程管理体制改革，明确政府、高校及相关部门的职责和权限。政府应发挥主导作用，一方面要将课程管理权重新分配，确保高校课程管理的自主权；另一方面既要增强政府的宏观调控作用，并设置相应的中介机构，承担主要的协调任务，同时还要突出政府的服务、督导作用，弱化监控职能。学校要健全校院（系）课程管理体制，对课程生成、课程实施、课程评价的管理做出明确规定，建立民主科学的课程编制管理制度，请课程专家、教师、领导、学生甚至家长参与课程设置标准、教学计划、教材及相应的课程资源材料等方面的编制；建立富有柔性的课程实施管理制度，以适应不可能完全按部就班进行的、非常复杂的课程实施过程；建立完善的课程评价管理制度，及时发现课程方案、课程实施中的问题并进行调整和完善。另外，要明确教师的课程实施权、课程创设权、师生共同参与权，对教师、学生参与课程发展的权利从制度上给予明文规定；要根据上级政策和自身实际对校本课程的开发、计划、实施、评价及与之相关的因素进行有效的管理。值得注意的是，强调学校与院（系）两级管理，绝不能忽视国家与地方的宏观管理；强调学校与院（系）两级管理，要避免课程管理由中央集权变为学校或教务处集权，协调好各种关系，充分调动教师、课程管理人员、学生等各类人员参与课程管理的积极性与自觉性。

四、实现课程管理手段多样化

课程管理的成效取决于课程管理手段的选用，只有如此，课程管理主体才能作用于课程管理客体。为提高管理的效益，必须实现管理手段的多样化，进行灵活的课程管理。一方面，要发挥行政管理手段的长处和优势；另一方面，要改变我国以单一的行政手段进行课程管理的局面，减少行政命令，采取多样化管理手段，选用适当的科学方法和先进的技术手段，加强其服务和咨询作用，进行有效的管理，促进课程管理民主化。如充分发挥考试和监督在课程管理中的作用；引入并加强技术咨询与服务手段；注意使用指导、民主、共同参与管理手段；运用调查、统计、测量等技术手段分析、解决管理中出现的问题；恰当运用经济和市场手段；等等。

五、促进课程管理民主化

实现课程管理人员多元化，特别是要让教师、学生参与课程管理，促进课程管理民主化。课程通过教师才能最终为学生所接受，教师是课程的创造者、实施者、研究者，他们有着教什么、怎么教的决定权。课程是否为学生所接受，除了教师教得如何外，还在于课程能否满足学生的兴趣爱好、就业需求，能否有益于学生的个性发展、能力提升。因此，理应给予教师和学生课程管理的权利。他们既是课程管理、服务的对象，又是课程管理的重要主体；有师生参与课程管理，对课程的监督会更加到位，课程管理会更有成效。

六、优化课程管理队伍

为提高课程管理的整体效益，必须解决课程管理队伍问题，优化课程管理队伍。

首先，要实现高校课程管理人员多元化，注重学科专家、课程专家、教师、社会人士及学生的参与，打破传统的上级行政单一化管理的局面，对课程实现全方位的监督，极大地促进高校课程管理质量的提高。当然课程管理整体效果的实现还需要参与管理人员之间的沟通与协作。

其次，高校课程管理不同于行政管理和企业管理，有很强的学术取向。所以真正有效的课程管理队伍，应该以那些具备扎实文化功底，丰富的哲学、管理学知识储备，能够熟悉课程的生成、实施和评价的原理及方法的专家为主。只有建设这样的课程管理队伍，才有利于课程改革的不断推进。

最后，应重视课程管理队伍建设。参与管理人员的能力与素质高低影响课程管理的效果，依据能力不同实行管理的层次化。在大力提高教师专业化水平的同时，高校还要提高课程管理人员的专业化水平。把加强管理队伍建设纳入学校建设规划，建立常规的培训、培养制度，进行专门培训。通过培训，促使课程管理人员形成正确的教育思想和科学的管理理念，提高课程意识，提高对管理过程的理解能力、实践能力和驾驭能力，掌握专业化的管理与服务的方法与手段，如召开课程委员会会议法、课题研讨学习法、调查访问法和日常观察法等；加强技能培训，如进行课程调查分析、健全课程管理制度、组织课程评估等方面的技能，如计算机网络操作应用能力培训，使他们能熟练地运用计算机联网集中处理信息，提高工作效率。课程管理人员在工作中，要勤于思考、善于总结、深入研究，不断提高管理水平，决不能停留在单凭知识和经验解决问题的管理水平上，更不能将高校课程管理等同于一般的行政管理工作，只照章办事。

七、创新课程编制

（一）综合定位课程目标

1. 依据职业岗位需求定位

一般来说，课程体系总目标是从宏观层面确定专业人才培养的方向，同时也为专业核心课程目标的确定提供依据。例如，旅游高等教育作为培养专门旅游人才的重要途径，其课程建设中的总目标自然是培养具备胜任旅游专业工作岗位所需的职业能力优秀的复合型人才，同时还要兼顾不同的岗位对人才的职业能力需求各有不同的现实状况。针对本科旅游管理专业人才输出对应的主要是旅行社、旅游规划公司、文旅集团、旅游酒店等的核心岗位，旅游院校应针对旅游企业、旅游酒店、旅游科研院所以及其他旅游集团分别设置课程目标，并考虑不同的专业核心课程要根据不同的目标培养学生不同的核心岗位能力。只有保证旅游管理专业的课程目标与岗位需求相一致，才能针对行业的职业岗位需求精准地输出人才，增强学生的就业竞争力。

2. 依据学生发展需求定位

由于课程建设的受众是学生，故在设置课程目标时在一定程度上应该考虑受教育者个人的发展需求。课程目标的设置应该考虑到学生本身的个性化发展需求，为学生的多元化和全面化发展提供条件。具体来说：①可以结合学生的职业规划、就业意向或发展方向将学生群体进行分类，并分别设置不同的课程目标；②实施自主选课制度，由学生根据自身特点和条件选择课程，进而增强个性化课程目标的实现效果。

3. 依据学科、学校和地域特色定位

虽然课程目标是学生经过一个阶段的系统学习后所要实现的具体目标，但学生对目前的课程目标并不十分满意。现有目标定位模糊、缺乏学科和地域特色，各个高校的课程目标整体上来看大同小异，导致学生培养和学校发展的同质化现象严重，人才培养和办学竞争力低下。因此，高等院校应该结合自身特点，充分发挥各自办学优势，以实现高校课程目标的特色化。一方面，不同院校可以结合自身办学特点和学科背景，将相关学科的优势资源引入课程教学中；另一方面，不同地域的院校可以结合所在区域的文化特色和区位条件，制定特色化的课程目标。

（二）精心凝练课程内容

1. 实现新旧知识融合

要想保证课程内容的前沿度，应该从以下三个方面着手：①从教师的层面，

应及时关注和收集相关专业的最新消息和前沿动态，并融入日常的课程教学内容之中，形成动态的课程内容更新机制；②从学生的层面，要积极利用信息化时代的便捷学习工具，通过网络或其他途径及时掌握行业发展的最新状况，并将线上与线下学习内容有效融合和把握；③从教材的层面，作为课程内容的要素之一，教材也应该及时更新，将书本教材与电子教材相结合，以满足学生全面发展的需要。

2. 准确区分重点难点

课程内容的难易程度直接影响着学生的学习情绪和学习结果。然而，当前高校专业的课程内容设置却存在重难点模糊或表面化的现象。许多专业课程对重点难点的划分主要是根据教材、教师或学科的整体要求，而未充分考虑学生的需求和行业发展的需要。因此，为了改善这一现状，应该根据高校专业课程的特点，准确区分各门课程的重点和难点。具体来说，教师要根据课程难易程度进行区分性教学，对重点难点内容进行详细讲解，对一般知识内容进行简要讲解，进而使学生明确课程学习的重点；教师在课程评价过程中针对不同难易程度的知识点采用不同的测评或评价方式，以保证学生能够较好地接受和掌握。

3. 紧密联系行业实际

高校学生对课程内容是否实用比较关注，而高校专业课程缺乏实用性也一直是各个院校面临的难题。因此，紧密联系行业实际，提升高校专业课程内容的实用性已经刻不容缓。一方面，可以加强理论课程的整合，提炼出专业的核心内容。有效的课程整合不仅能够使教学资源利用最大化，同时精选课程内容也能够使学生的学习达到最优化。另一方面，可以加强理论课程的实训内容，即通过情景模拟、布置任务或实物演示等方式让学生参与体验，将所学理论转化为实际所需技能，进而为未来就业奠定基础。

（三）调整优化课程设计

高校各类课程的比例、各学期的课程数量设置和专业课程的开设顺序仍存在问题。因此，有必要就课程比例、课程数量以及课程开设顺序等方面存在的问题予以优化。

1. 合理划分课程类别比例

目前，大多数高校以公共课与专业课、必修课与选修课、理论课与实践课为分类标准。其课程设置基本呈现"金字塔"式的结构特征，即公共课门数少、课时量大，必修课和理论课较多，实践课较少，选修课门数较多但课时量和选课数受限制，这就造成了学生的学习"泛而不精"和"学而无用"的问题。因此，有必要进一步协调各类别课程的比例，使课程设计更加均衡合理。首先，就公共课与专业课来说，应适当整合缩减公共课程的课时，为专业基础课、核心课留有充足的时间；其次，就必修课与选修课来说，专业必修课是为学生的长远发展奠定理论基础而设置的，专业选修课则是为学生的个性化发展服务的，因此，要适当加大选修课的比例和学生的可选课门数，以促进学生的身心全面化发展；最后，就理论课和实践课来说，要在现有课程的基础上增加实训课程的比例，创新课程实训的方式，同时调整专业实习的时间，按照课程特点设置不同岗位、不同形式的实习，以达到"随学即用"的效果。

2. 精心规划学期课程数量

均衡的课程比例对课程设计具有重要作用，但目前大多数院校公共课和专业必修课所占课时较多，忽略了专业选修课和实训课程的比重。因此，未来各院校应该对课程数量安排进行调整，增加专业选修课和实训课程的开课比例，而不是将其作为公共课程和专业必修课程的辅助。公共课方面，可适当缩减政治与体育课程数量，增加计算机与英语课程；专业课方面，可压缩整合必修课程，"找核心，讲重点"，将有限的课程利用得更加充分。同时增加选修课科目数和总体数量以及学生自主选择的权利；实训课方面，可结合该门课程的实际需求，在理论课结束后即时开展实训课程，以便加强学生的理解和运用能力。

3. 科学设置课程开设顺序

合理的课程开设顺序是课程取得良好效果的保障，这就要求课程的开设顺序要以学生的心理发展规律为前提，遵循课程内容的逻辑顺序。一般遵循"由简到繁、由抽象到具体、由理论到实践"的规律，循序渐进地进行课程的设置与实施。具体来说，大一年级设置政治、英语、体育等公共课程和专业的基础课程，大二设置理论性较强的专业课程，大三则设置实践性较强的专业课程，同时大二大三穿插相应的专业选修课程，或根据课程需要进行短期实习，大四则主要为实践性课程，包括毕业实习、论文撰写等。只有这样，才能使课程设计整体更具合理性和科学性，进而保证课程管理的质量。

第三章

高校教学管理创新

第一节 高校教学管理信息化建设

一、高校信息化教学概述

（一）高校信息化教学的概念

高校信息化教学是指在现代教学理念的指导下，高校教师充分利用现代信息技术，包括网络技术、计算机及多媒体技术、卫星通信技术等，整合与运用丰富的教学媒体和信息资源，构建良好的教学环境，引导学生积极发挥自身的主观能动性，使学生自觉成为知识和信息的建构者，从而不断提高高校教学质量的过程。

（二）高校信息化教学的要素

在高校信息化教学系统中，媒体、教师、学生和教学内容是非常重要的核心要素。

1. 媒体

媒体因素主要是指现代教学媒体。现代教学媒体是通过利用现代科学技术成果而发展起来的，并被运用到教学领域的电子传播媒体，主要有录音、幻灯、投影仪、录像、电视、计算机等教学媒体以及这些教学媒体相互组合而成的教学媒体系统，如视听阅览室、微格教学训练系统、语言实验室、闭路电视系统、计算机网络教室、校园计算机网络系统、多媒体综合教室等。

2. 教师

随着现代信息技术的发展及其在教学中的广泛应用，教师扮演的角色也发生了很大的变化，同时面临着新的挑战，要求高校教师在信息化教学环境中要具有相应的教学能力，如掌握现代教学理念、具备信息化教学能力。信息化教学能力主要包括信息素养（信息意识、信息知识、信息能力、信息道德）和信息化教学设计能力。

3. 学生

信息技术在教学中的应用为学生的学习提供了很多便利，同时对学习者提出了更高的要求，主要表现在 3 个方面：第一，学生的学习方式要多样化。在现代信息技术的支持下，学生的学习方式从过去的被动接受转变为合作学习、自主学习、探究学习等信息化学习方式。第二，学生要具备较高的信息素养，能够从大量的信息资源中找寻所需的信息，并对信息进行加工、整理、保存。第三，学生要具有自主学习能力。

4. 教学内容

现代信息技术的出现和现代教育媒体在教学中的应用使得教学内容具有新的特征，主要表现为多媒体化、处理数字化、传输网络化、超媒体线性组织、综合化等。

（三）高校信息化教学的基本理念

高校信息化教学的基本理念是以人为本，即"以学生为本"，该理念主要体现在以下几个方面。

1. 强调学生的主体地位

在高校教学中，大学生是个性丰富，鲜活的、具体的、不断发展的认识主体，是独立的群体和个体，主观能动性很强。在教学过程中，学生的主体性主要表现为主动性、自主性和创造性。

2. 强调学生的主观能动性

在教学中要激发学生的探究激情和学习兴趣，就要尊重学生的个性和特长，促使学生积极参与学习，最大限度地发挥学生的潜能。采用多媒体技术可以提高学生的学习兴趣，促使学生积极主动地自主探究新知识。

3. 从强调积累知识和训练技能转变为学生主动建构

建构主义学习理论认为，知识是学生在一定的社会文化背景下，借助他人的帮助，通过充分利用相关学习资料，以意义建构的方式而获得的。现在，学生已经从过去对知识的被动接受转变为主动建构。

4. 强调师生之间的互动交流

师生之间进行多样化的交流，能够缩短师生的心理距离，增强学生的学习兴趣，使学生在学习过程中共享生活经验，完善知识结构，通过社会性学习发展社会性素质。

对于教师来说，与学生进行平等的交往，能够帮助自身和学生之间相互学习，共同提高。

二、高校信息化教学设计

（一）高校信息化教学设计的概念

高校信息化教学设计指的是在先进教育理念的指导下将现代信息技术充分利用起来，科学安排高校教学过程的各个环节和要素，从而为师生提供良好的信息化教学环境，促进教学过程最优化，进而培养学生信息素养、创新精神和实践能力的过程。

（二）高校信息化教学设计的特点

高校信息化教学设计具有以下几个特点。

①以建构主义学习理论为指导，但不否定行为主义的观点。行为主义学习理论认为，一切学习过程都是不断尝试，不断发生错误及失败，最后才取得成功的过程。

②教学过程设计是高校信息化教学设计的核心，在这一环节非常重视学习环境的创设以及学习资源的利用。

③学习内容为交叉学科专题，强调综合性。

④以教学单元为教学周期单位，教学单元或者是某章、某节，或者是围绕某一个主题而整合的相关学习内容。依据教学单元内容确定课时，而不是为了完成课时工作量去安排内容。

⑤采用探究型学习、资源型学习和合作学习教学模式。

⑥教学评价依据电子作品集，而非终结性考试。

（三）高校信息化教学设计的要求

1. 创设情境，使学生在真实情境中掌握和运用知识

在传统教学中，往往从具体情境中将知识抽离出来，抽离出来的知识是抽象性、概括性的，虽然这样可以将具体情境中的"本质"内容（概念、规则、原理等）体现出来，但忽视了知识运用的具体性与情境性，这样学生虽然掌握了知识，却在具体的任务情境中或遇到现实问题时无法运用所学知识，学习结果无法顺利迁移到现实中。要使学习者在建构层面掌握所学知识，就是不仅要掌握知识的表面，也要深刻理解知识所隐含的性质、规律及相关关系，最好为学生创造真实或接近真实的情境，使学生在亲身参与中去感受、体会，获取直接经验，而不是从教师的口头讲解中去获取。对此，在高校信息化教学设计中，教师要注重对真实问题情境的创设或对真实任务的设计，使学生尽可能在真实的情境中完成所有学习活动。这里要注意一点，真实情境与现实情境不同，不一定要真实客观存在，情境有很多种类型，如基于学校的情境、基于自然或社会生活的情境；想象虚拟的情境；真实现实的情境；等等。在教学中不管是创设哪种类型的情境，都

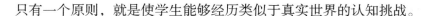
只有一个原则，就是使学生能够经历类似于真实世界的认知挑战。

2. 利用学习资源为学生自主学习和协作学习提供支持

在高校信息化教学设计中，要提供给学生丰富多彩的信息化学习资源，并在学生获取、分析处理以及编辑加工学习资源的过程中提供引导与帮助，从而为学生的探索学习、分析解决学习中的问题提供支持。有些学生不熟悉信息化学习资源，也不习惯运用，对此教师要加强对信息化资源的普及，不断鼓励学生使用信息化资源，使学生充分认识到这些学习资源给其自主学习带来的便捷与好处，然后借助现代信息化学习资源来更好地进行自主学习、合作学习。

3. 为学生提供有效引导、支持

高校信息化教学设计强调学生要充分发挥自身的主体作用，主动学习、积极探索，但因为学生的知识结构还比较单一，认识水平还比较低，也缺乏实践经验，所以在学生自主学习的过程中，教师要适当进行指导。在关键时刻给予帮助，如为学生提供丰富的学习资源、反复示范、为学生提供咨询服务、创设问题情境以启发学生思考与探索等，对于自我调控能力差的学生，尤其要给予帮助。

4. 强调协作学习

高校信息化教学设计要求教师注重对协作学习方式的设计，具体包括学生之间的协作、师生之间的协作、学生与他人之间的协作、各主体之间面对面的协作以及在计算机信息技术支持下的信息化协作等。

协作学习不仅是学生发展的需要，也是社会发展的需要，因此信息化教学设计特别强调协作学习。现在，社会分工越来越细化，知识增长也极为迅速，需要协作配合才能完成越来越多的工作，所以在现代人才的评价中，将协作意识与合作能力作为一个重要的判断标准。

从学习者方面来看，不同的学生有不同的成长经历和知识经验，面对同一知识或问题，不同学生的理解可能不同，学生个人的理解可能是存在局限性的，或者说比较片面、肤浅、不充分、不完善，也有可能就是错误的，而通过协作学习，学生之间相互沟通交流，每个学生充分表达自己的看法与见解，同时听取他人的不同看法，在这个过程中学会聆听、接纳、互助、共享，在不同观点的碰撞中更深入、全面地理解知识与问题。

5. 在学习和研究活动中将"解决问题"和"任务驱动"作为主线

在高校信息化教学设计中，不要孤立看待学习，而要将其与更多的问题、任务联系起来，以"解决问题"和"任务驱动"为主线进行学习，学生主动投入真实的问题情境或人物情境中，以完成学习任务，解决学习问题。教师在信息化教学设计中要多鼓励学生结合现实生活探究学习的相关问题，激发学习者的高水平思维，培养学生的高级思维能力。很多学习任务与学习问题背后都隐含着丰富的知识与技能，学生在自主学习或合作学习中探索这些知识与技能，在探索中逐渐掌握并学会运用，这有助于提高学生的探索能力。

6. 强调面向学习过程的质性评价

传统教学设计习惯上将简单的知识与技能作为评价学生学习成果的唯一标准，这在信息化教学设计中是不允许的。信息化教学设计强调在教学评价中应将师生在教学中的所有情况都考虑在内，强调在真实的评价情境下进行评价，主张凡是具有教育意义的过程与结果，都应该对其进行恰当的评价，不论其是否符合预定目标。此外，信息化教学评价还强调对学生学习能力的评价，但不是通过学习结果来评价其学习能力，而是通过其在整个学习过程中的学习行为来评价其学习能力的变化发展，最后做一个评估报告，将此作为改进教学与进一步培育学生学习能力的依据。

三、高校信息化教学技术的应用

（一）网络教学机房的应用

网络教学机房也称"网络教室"，是集普通的计算机机房、语音室、视听室、多媒体演示室等功能于一体，利用网络和多媒体技术将多台计算机及相关网络设备互联而成的小型教学网络。

在高校教学中，很多教学任务都可以利用网络教学机房来完成。网络教学机房的常见应用形式如下。

1. 电子备课

教师在网络教学机房备课可以解决电子课件制作中资料不足、文件较大、

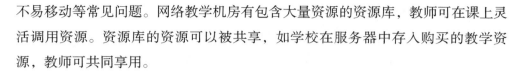

不易移动等常见问题。网络教学机房有包含大量资源的资源库，教师可在课上灵活调用资源。资源库的资源可以被共享，如学校在服务器中存入购买的教学资源，教师可共同享用。

2. 课堂教学

网络教学机房可有机整合多媒体教学信息，为多媒体课堂教学提供方便。在课堂教学过程中，通过多媒体形式（文本、动画、声音、视频等）对教学信息进行传播，调动学生的积极性。也可在课堂上引入其他直播课堂或教学资源。教师还能利用多媒体课堂教学针对学生进行个别辅导。

3. 学生自学

学生能够利用网络教学机房的学习资源独立完成学习，这个学习环境对学生来说更加开放、自由，学生可以利用共享资源来学习很多新知识。

4. 网络测试

教师可通过网络教学机房组织网络考试，实时了解学生的答题情况，然后利用相应功能来自动阅卷，给学生及时反馈测试成绩，帮助学生分析与处理回答错误的问题，从而使教学效率大大提高。

（二）多媒体课件的制作

多媒体课件是一种在一定理论指导下，根据教学目标设计的，表现特定教学内容、反映一定教学策略的计算机教学软件。它可以帮助教师存储、传递和处理多媒体教学信息，提高教学质量和效率，也可以帮助学生进行交互操作、开展自主学习和评价，提升学生的参与度和学习能力。

1. 确定课题与明确目标

（1）确定课题

高校教学中一般可以将多媒体计算机辅助教学手段运用到各个学科中，但这种教学手段并非适用于所有的教学内容。某些学科课程内容比较抽象，难以理解，教师难以捕捉某些规律，不易用语言描述，而且需要学生反复练习等，对于这部分教学内容，在条件允许的情况下有必要实施多媒体计算机辅助教学。

（2）明确目标

确定课题的同时，还必须分析和明确该课题的实施，应当符合教学目标的要求。明确教学目标，特别要注意发挥多媒体的优势，根据教学内容的特点，精心设计、制作多媒体素材，集图、文、声、像于一体的综合表现功能，有效调动和发挥学生学习的积极性和创造性，提高学习效率。

确定课题，明确目标，突出教学重点，攻破教学难点，合理设计教学过程，安排例题和练习，从而制作出有助于突破教学重点和教学难点，并达到预期教学目标的多媒体课件。

2. 教学设计与脚本设计

（1）教学设计

教学设计是教学理论和教学实践的中间环节，目的是通过选择合适的教学策略及教学媒体，规划教学活动序列，为学生提供最佳学习环境。

（2）脚本设计

在多媒体课件的制作中，将选定的教学内容编写成思路清晰、内容精练、重难点突出、易于计算机表达的脚本是一个非常重要的环节。脚本是教学设计的具体实现，是教学目标的详细注解，是制作课件的最终依据。

3. 素材采集与程序设计

（1）素材采集

需要采集的素材包括文字、图形、图像、音频、视频等。

（2）程序设计

程序设计是多媒体课件制作最核心的环节。这一环节的主要任务是根据脚本的要求和意图设计教学过程，将各种多媒体素材编辑起来制作成多媒体课件，要达到交互性强、操作灵活、视听效果好等要求。

4. 运行调试与推广应用

（1）运行调试

制作完多媒体课件后，要多次进行调试、修改，直到完善。这是确保课件质量的最后一关。

（2）推广应用

多媒体课件制作完成后，在正式推广应用之前要进行评价。

①课件评价。课件评价包括课件制作人员自我评价，用户评价，设计制作人员、专家、用户代表共同评价。

②教学应用。正式推广应用多媒体课件后，要向专业教师介绍课件的特点、使用方法等，充分发挥多媒体课件的作用。

四、高校信息化教学方法的应用

（一）微格教学

微格教学是利用信息化教学技术手段对教师的教学技能进行培训的一种教学方法。一般将微格教学定义为一个有目的、有控制的实践系统，它能使教师集中解决某一特定的教学问题，或在有控制的条件下进行学习。微格教学是建立在教育教学理论、视听理论和教学技术基础上，系统训练教师教学技能的方法。

主控室包括主控计算机、视音频处理器、硬盘录像机、同步监视电视墙、视频服务器、云台控制器、稳压电源等设备。微格教室中的摄像云台和镜头由主控室控制，在主控室可以监视和监听微格教室的图像和声音；可以录制教学实况以便于课后讲评；可以随时与微型教室进行通话；可以操控多个微型教室的视频录制。

微型教室一般包括摄像机、云台、计算机、投影仪等设备。可以在微型教室呼叫主控室，取得联系；可以自我控制本教室的录播系统；可以设定录播时间和录播镜头；可以任意选择图像输出到主控室。

示范观摩室内装有大型显示设备，通过网络接收其他微型教室的实时教学网络直播，即可实时同步播放教学实习的实况，实现多方位、多角度的教学观摩。

微格教学的组织与实施方法体现在以下 4 个方面。

1. 理论学习和研究

在微格教学的发展过程中，融入了许多新的教育观念、教育思想和方法，如教育目标分类学理论、师生相互作用分析理论等。微格教学是一种全新的实践活动，学习和研究新的教学理论十分必要。理论学习和研究包括微格教学的概念、微格教学的目的和作用、学科教学论、各项教学技能理论等内容。

2. 教学技能的深入分析

微格教学的研究方法就是将复杂的教学过程细分为单一的技能，再逐项培训。导师可以根据培训对象的不同层次和需要，有针对性地选定几项技能。对于教师而言，经过微格教学实践可以及早掌握教态、语言、板书等方面的基本技能；对于有一定教学经验的教师来说，可以通过微格教学实践深入探讨较深层次的技能，有利于总结经验、互相交流、提高教学能力，从而提高整体素质。在技能分析和示范阶段，导师要做启发性报告，分析各项技能，同时给学员观看事先编制好的示范录像。

3. 适当组织示范和观摩

在提高各项教学技能时，可以提供相关的课堂教学片段，组织学生进行示范观摩。观看录像后引导小组成员讨论分析，达成共识。这样，学员不仅获得了理论知识，也有了初步的感知。

4. 进行角色扮演的训练

角色扮演是微格教学的中心环节，是受训者训练教学技能的具体教学实践活动，在活动中每个受训者都要扮演一个角色，进行模拟教学。角色扮演要求扮演"教师"者要真实，按照自己的备课计划，在有控制的条件下训练教学技能。扮演"学生"者要充分表现学生的特点，自觉进入特定情境。

（二）微课教学

微视频是微课的核心内容，微视频可以说是给学生呈现学习内容的最直接的形式，它的特点主要是目标明确，主题突出；内容短小精悍；情境真实，资源丰富；便于获取、学习。微课程除了具有微视频的特征外，还具有自身的独特性，表现为更新快，便于扩充；关注学习主体的发展。

微课教学是教师将微课的资源整合到日常课堂中，根据学生的学习特点和学习进度，将微课资源与普通课堂相结合，从而实施教学的过程。微课教学设计应遵循动静结合、自主探究的原则，要注意合理设置课程目标、明确教学重难点。

微课教学的实施步骤体现在以下 3 个方面。

1. 制作微课程学习视频

在这一环节，应牢牢抓住教学重点和难点，基于对重难点的把握来制作具有趣味性、引申性、互动性的视频（时间为 5 ～ 10 分钟）。视频要便于师生互动交流，从而使教师与学生共同改进课程内容。

2. 设计课堂学习形式和方法

通过微课教学，可以使学生在课堂上自主探讨和内化，在课外学习丰富的知识，并且有效整合，提高学习效果。

3. 评价教学过程

评价教学过程的设计、内容、方法以及成效等各个方面，通过评价及时对微课教学方案进行调整，完善微课教学过程，提高微课教学质量。

第二节　高校教学资源开发与管理

一、物力资源管理

（一）高校教学设施管理的任务

高校教学设施管理的基本任务主要有以下几项。

1. 整建环境

学校环境建设是高校教学设施管理的重要任务之一。优良的学校自然环境是一种积极的教学因素，是优良校风形成的标志之一，也是办好学校的一个不容忽视的物质条件。

2. 完善设备

不断完善高校教学设备，是高校教学设施管理的一项重要任务。要完善教学设备，就必须使其标准化。为此，许多国家都制定了教室、实验室、体操房、课桌椅等学校设备的国家标准，而且对学校图书馆藏书的最低限额也做了规定。

完善教学设备的目的是使教学设备尽可能地符合学生的身心发展特点。例如，如果学生使用的课桌过低，身体必须前倾，那么使其内脏器官和血管受压，容易造成脊柱弯曲；如果课桌过高，学生写字时眼与书本的距离过近，那么容易引起视力减退等。因此，只有根据学生的实际情况来完善设备，才有助于学生学习。

3. 管好设施

管好设施具体体现在以下 3 个方面：第一，校舍布局合理，教学区、运动区、生活区等区域划分明确，互不干扰，使教育与服务有机协调；第二，要加强管理，保障学生及教职工的安全和健康，如校舍的建造应力求坚实；第三，理化实验室、语音室等要严格防止出现触电事故等。

（二）高校校园的规划设计

校园环境建设要通过校园的规划设计体现出来。一般来说，在进行校园规划设计时，要根据学校的规模和性质，从整体出发，因地制宜，构建一个完整的室内外活动空间，并营造出环境优美、使用方便的学校校区。

学校规划设计应做到以下几点。

①校园的总体规划设计应因地制宜，合理利用地形、地貌，并且根据需要适当预留发展余地。教工住宅应纳入城市建设规划统筹安排，不应建在校园内。

②校园总平面设计宜按教学、体育运动、生活、勤工俭学等不同功能进行分区，合理布局。各区之间要联系方便，互不干扰。教学楼应布置在校园的静区，并且保证良好的建筑朝向。校园内各建筑之间，校内建筑与校外相邻建筑之间的间距应符合城市规划、卫生防护、日照、防火等有关规定。

③校园、校舍应整体性强。建筑组合应该紧凑、集中，建筑形式和建筑风格要力求体现教学建筑的文化内涵和时代特色。应依法保护具有重大历史文化价

值的校园及校舍，并且合理保持其特色。校园绿化、美化应结合建筑景观统一规划设计和建设，以形成优美的校园环境和人文景观。

④体育活动场地与教学楼应有合理的间隔，并且应设有环形跑道的田径场地、球类场地，其长轴宜为南北方向。

⑤校园内的主要交通道路应根据学校人流、车流、消防要求布置。路线要通畅便捷，道路的高差处宜设坡道。路上的地下管线和井盖应与路面标高一致。

⑥室外上下水、煤气、热力、电力、通信等地下管线应根据校园总体规划的要求合理布置，并且按防火规范要求在适当位置设置室外消火栓供水接口。变配电系统应独立设置，规划设计用电负荷应当留有余量。室外多种管线的铺设应用地下管沟暗设。

⑦学校主要出入口的位置应便于学生就学，有利于人流迅速疏散，不宜紧靠城市主干道。校门外侧应留有缓冲地带和设置警示标志。

⑧旗杆、旗台应设置在校园中心广场或主要运动场区等显要位置。

⑨校园应有围墙，沿主要街道的围墙宜有良好通透性。

（三）高校校舍的管理和维护

校舍是高校教育教学活动的重要场所。校舍是否安全适用，关系到高校师生的生命安全以及教育投资的效益。因此，必须抓好高校校舍的管理和维护，具体要做好以下几方面的工作。

①建立健全各种管理和维修制度。

②要坚持经常检查和定期全面检查，尤其对一些年久失修的旧房，要重点进行细致检查，如发现结构损坏、蛀蚀、腐烂或其他重大险情的，应及时报告教育行政部门和有关地方政府，凡经技术鉴定为危房的，立即采取措施一律不得使用。

③要经常对校舍的辅助设施，如排水系统、电气照明系统、锅炉、水泵、避雷针等进行维修保养。

④要经常面向师生员工开展安全教育宣传工作，提高他们的安全意识，掌握安全知识和提升专业素质。

⑤加强校舍档案管理，这也是校舍管理不可缺少的一个方面。健全的校舍档案，可以为校舍管理提供从勘测设计到施工验收等各阶段的完整的文书资料、技术参数、账册图表的原始凭证，帮助我们清晰地了解校舍建设的历史和现状，为日后的校舍管理与维修提供便利。校舍档案的内容主要包括：校舍总平面图；学校房屋平面图及情况说明书；学校房屋的施工图、竣工图及有关资料；运动场地的施工图、竣工图及有关资料；全校给、排水系统，照明及动力线路系统，电信线路系统图及有关资料；历年校舍的增减情况及说明等。在建立健全校舍档案工作中，要制定切实可行的制度。各级教育行政部门对下属学校的校舍要进行立案，实行分级管理，层层负责。每所学校的校舍档案要有完整、详尽的文件与资料。上级教育行政部门要定期对学校的校舍管理进行统计与汇总，及时了解校舍状况。特别是对旧房和危房要做到心中有数，以便制订修缮改造方案，及时维修与改造，避免发生伤亡事故。

（四）高校教学设备的管理

对高校教学设备的管理必须贯彻统一领导、分工负责、管用结合、物尽其用的原则。同时，管理高校教学设备必须建立健全管理制度，充分发挥设备的教育与经济效益。

高校教学设备的管理主要包括以下两个方面。

1. 固定资产的管理

学校的固定资产分为动产和不动产两类，管理上宜用分工负责制。校舍由学校总务部门管理；设备、仪器等按使用部门和存入地点，落实到处、室、个人管理。

学校的固定资产，除校舍等建筑物外，对一般设备单价在100元以上，专用设备在200元以上，耐用时间在一年以上，或虽不满上述金额，但耐用时间在一年以上的大批同类财产，均属于固定资产核算范围。

2. 教学用材料和低值易耗品的管理

学校教学用材料分为两类：一类属于使用后便消耗或逐渐消耗不能复原的物质，如笔、墨、簿本等；另一类是不够固定资产标准的器具设备等，如烧杯、

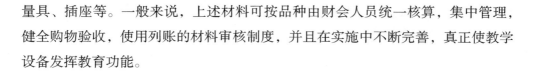

量具、插座等。一般来说，上述材料可按品种由财会人员统一核算，集中管理，健全购物验收，使用列账的材料审核制度，并且在实施中不断完善，真正使教学设备发挥教育功能。

（五）高校体育教学场地设施管理

1. 体育场馆的管理

在学校中，体育场馆设施是进行体育教学、相关活动、运动训练的专用场所，为了能充分发挥出体育场馆的资源优势，更好地服务于广大师生，并能使体育馆内相关设施得到大家的安全使用，一般学校会对体育场馆制定相关的管理规章制度。

（1）体育场馆使用的一般规定

为使体育场馆拥有一个良好的环境，保证体育教学顺利开展，要制定出体育场馆的使用规定，供学生来遵守，同时教师和相关管理人员要进行监督。

体育场馆的一般规定参考如下。

①严格遵守体育场馆的开放时间安排，在上课期间，不上体育课的学生不得进入场馆的上课区域内活动，以免影响正常的教学，闭馆时要自觉离开。

②课外活动时间，体育场馆作为校运动队的训练和比赛场地，校代表队有优先使用权，其他空闲场地可以向广大师生开放。

③未经教师和管理人员许可，不得随意更改场馆中各个教室的工作用途。

④未经教师和管理人员许可，不得对场馆内的相关器材进行拆卸，更不能随意挪用。

⑤体育场馆的作用是满足体育课的教学和课外体育活动的需要，因此，未经许可，不得将体育场馆作非体育运动用途。

⑥在体育场馆内穿运动服装，不建议穿牛仔裤、休闲鞋等休闲服装，在体育课上不按规定着装者，教师要予以警告，屡教不改者要进行批评教育。

⑦上课时，严禁在场馆内大声喧哗，避免对其他班级的正常教学产生影响。随身携带的物品要放在储物柜或其他合适的位置上，不得在体育器械上悬挂相关物品，如衣物和饰品等。

⑧如果携带贵重物品要小心存放，妥善保管，如有丢失概不负责。

⑨场馆内严禁吸烟、随地吐痰、乱扔果皮纸屑，做一名文明的学生。养成垃圾入筐或随身带走的好习惯，保持场馆内良好的卫生情况。

⑩场馆内严禁大力踢球，以避免对馆内人员和器械造成伤害。

⑪校外其他单位若想使用场地设施，事先向学校申请、办理相关手续，经批准后方可使用，否则不能进入。

⑫违反上述条例者，工作人员有权对其进行教育和处罚。

（2）体育教室的使用管理

①乒乓球室管理。在体育场馆中一般均设有乒乓球室，专门用于乒乓球运动的教学与训练。针对乒乓球室制定的管理制度能确保乒乓球教学有序展开。

②健身教室管理。健身教室在体育教学中用途很多，既可以用来进行健美运动，也可以用于身体素质练习等相关锻炼，设备、器械繁多，价格昂贵，具有一定的危险性，若使用方法不对极易造成安全事故。因此，要建立相关的规章制度来保护健身教室及其中的设备、器材，这也是对学生人身安全的一种保护。

③多媒体教室管理。部分学校的体育场馆内还设有多媒体教室，在体育教学中一般用于体育理论课和体育欣赏选修课等，多媒体教室制定的管理制度有以下几方面。

A. 多媒体教室要设有专门的管理人员，不允许其他人员擅自进入。

B. 在非上课时间使用多媒体教室要事先申请，确认好使用时间，经批准后才能进入，注意爱护相关器材。

C. 在多媒体教室上课时不要大声喧哗，以免造成不良影响。

D. 爱护多媒体教室内的公共设施，如有损坏要照价赔偿。

E. 在多媒体教室上课要保证室内环境卫生，不得随地吐痰，乱扔果皮纸屑，应做到垃圾入筐。

F. 进入多媒体教室上课，如果没有教师的命令，不得擅自使用电教设备。

2. 体育场地的管理

（1）田径场地管理

对于任何学校来说，田径场地相对来说是最重要的场地设施之一，是用于进行各种体育教学活动和举办大型运动赛事，也是课后广大师生进行体育健身活动的重要场所。田径场地的管理制度参考如下。

①建议田径场地实行封闭式管理，学生进入后要服从场地管理人员的管理。

②外校人员如果想进入足球场和田径场地，首先向学校提出申请，经批准并履行租用手续后交纳租金方可进入。

③严禁在田径场内吸烟、乱扔果皮纸屑，保持良好的卫生习惯。

④因田径场地和草地的使用材料都相对特殊，不建议将果汁、汽水等饮料带入田径场地内以免对场地造成一定的损坏。

⑤上体育课时间，禁止其他人员进入田径跑道中。

⑥在田径场上穿运动鞋，在足球场内穿足球鞋或运动鞋，严禁穿不适合的鞋进场活动。

⑦如果足球场地是天然草皮，那么每年都会有封坪育草阶段，在此期间任何人不得进入场内。

⑧一般情况下，严禁一切车辆驶入田径场地，不听劝告违反规定者要进行相应的惩罚。

（2）其他室外运动场地管理

①煤渣场地的管理。

A.煤渣场地较为特殊，其表面要尽量保持适宜的湿度环境。

B.场地表面要保持一定的硬度。场地硬度较大说明使用次数较多，因此，为防止场地快速老化，要在适当时间翻修场地，在翻修期间内暂停使用。

C.及时铲除运动场地上的杂草，尤其是在雨季更要注意。有条件的场地在周围种上花草树木，净化空气，防风沙。

D.场地内沿边的积土要定期清理，使其不影响场地的正常使用。

E.及时对场地进行修整，定期喷水、压实，确保场地的平整。

F.严禁在场地上行驶各种车辆，包括自行车在内。

②水泥场地的管理。

A.水泥场地一般比较平整，有砂、石、泥土和污物落在上面就影响了场地的平整性，因此要按时清理，保持整洁。

B. 到了汛期，要打开排水系统，及时清除积水；冬季若遇到结冰和降雪，及时清除冰雪。

C. 做好水泥场地接缝处的填充或铲除工作，保持接缝完好，表面平顺。当冬季地表气温较低时，对出现的较大接缝空隙处进行灌缝填料；当夏季气温较热时，填缝料挤出缝口时，应适当铲除并设法防止砂、石挤进缝内。

③木质场地的管理。在有些条件较好的校园中，还设有木质场地。木质场地的硬度和坚韧度比不了塑胶场地、水泥场地等，因此要格外注意。

A. 未经允许，不得在木质场地上进行体育活动。

B. 禁止在木质场地内吃东西、喝饮料。

C. 禁止在木质场地内吸烟、吐痰、泼水。

D. 禁止在木质场地内开展体育运动，如足球、投掷、器械拉伸等。在木质场地上放置物品要轻拿轻放，将物体搬起移动。

3. 体育器材的管理

（1）体育器材的购置管理

在各级各类学校中，除了日常的体育教学外往往要开展众多体育活动，因此全面添置体育器材是十分必要的。一般来说，学校拥有的体育器材虽然也有社会馈赠的途径来获得的情况，但绝大多数要自行购买。体育器材设备对体育教学来说非常重要，器材质量的好坏将对体育教学效果有直接影响，甚至还关系到学生的安全。因此，购买体育器材设备时，要进行全面而细致的考评与研究，选择正规体育器材厂商生产的产品，购买器材时相关采购人员要全程负责跟踪，对购买的器材进行严格把关。

此外，体育器材的购置还应结合一些国际单项体育联合会协会对比赛器材设备制造厂商的相关规定，如名称、标记或商标的字号、高度等技术标准，结合相关的规则要求。在购置过程中，对器材进行认真挑选，看其是否符合运动规则的相关规定，以免影响学生使用，造成资源浪费。

（2）体育器材的入库管理

购置体育器材之后，应分门别类地将其存入库中。由于体育器材在形状、

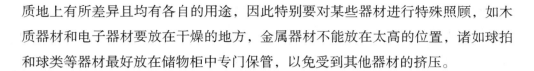

质地上有所差异且均有各自的用途，因此特别要对某些器材进行特殊照顾，如木质器材和电子器材要放在干燥的地方，金属器材不能放在太高的位置，诸如球拍和球类等器材最好放在储物柜中专门保管，以免受到其他器材的挤压。

二、财力资源管理

（一）高校财力资源管理的任务、原则与体制

1. 高校财力资源管理的任务

高校财力资源管理的任务主要体现在以下 7 个方面。

①依法多渠道筹集事业资金。

②合理编制学校预算，并且对预算执行过程进行控制和管理。

③科学配置学校资源，努力节约支出，提高资金使用效益。

④加强资产管理，防止国有资产流失。

⑤建立健全财务规章制度，规范校内经济秩序。

⑥如实反映学校财务状况。

⑦对学校经济活动的合法性、合理性进行监督。

2. 高校财力资源管理的原则

高校财力资源管理要贯彻以下 3 项原则。

①贯彻执行国家有关法律、法规和财务规章制度。

②坚持勤俭办学的方针。

③正确处理事业发展需要和资金供给的关系，社会效益和经济效益的关系，国家、集体和个人三者利益的关系。

3. 高校财力资源管理的体制

高等学校实行"统一领导、集中管理"的财务管理体制；规模较大的学校实行"统一领导、分级管理"的财务管理体制。高等学校财务工作实行校（院）长负责制。符合条件的高等学校，应设置总会计师，协助校（院）长全面领导学校的财务工作。凡设置总会计师的高等学校，不设与总会计师职权重叠的副校（院）

长。规模较小的高等学校，由主管财务工作的校（院）长代行总会计师职权。

高等学校必须单独设置财务处（室），作为学校的一级财务机构，在校（院）长和总会计师的领导下，统一管理学校的各项财务工作，不得在财务处（室）之外设置同级财务机构。

高等学校校内后勤、科技开发、校办产业及基本建设等部门因工作需要设置的财务机构，只能作为学校的二级财务机构，其财会业务接受财务处（室）的统一领导。高等学校二级财务机构必须遵守和执行学校统一制定的财务规章制度，并且接受财务处（室）的监督和检查。

高等学校校内设置财务会计机构，必须相应配备专职财会人员。校内各级财会主管人员的任免应当经过上一级财务主管部门同意，不得任意调动或者撤换。财务人员的调入、调出、专业技术职务的评聘须由财务部门会同有关部门办理。

（二）高校财力资源管理的主要内容

1. 预算管理

高等学校预算是指高等学校根据事业发展计划和任务编制的年度财务收支计划。高等学校必须在预算年度开始前编制预算。预算的内容包括收入预算和支出预算。预算由校级预算和所属各级预算组成。

高等学校编制预算必须坚持"量入为出、收支平衡"的总原则。收入预算坚持积极稳妥原则；支出预算坚持统筹兼顾、保证重点、勤俭节约等原则。高等学校预算参考以前年度预算执行情况，根据预算年度事业发展计划和任务，以及年度收支增减因素进行编制。校级预算和其所属各级预算必须各自平衡，不得编制赤字预算。

高等学校预算由学校财务处（室）根据各单位收支计划，提出预算建议方案，经学校最高财务决策机构审议通过后，按照国家预算支出分类和管理权限分别上报各有关主管部门，审核汇总报财政部门核定预算控制数（一级预算单位直接报财政部门，下同）。高等学校根据预算控制数编制预算，由各有关主管部门汇总报财政部门审核批复后执行。

　　高等学校预算在执行过程中，对财政补助收入和从财政专户核拨的预算外资金收入一般不予调整；如果国家有关政策或事业计划有较大调整，对收支预算影响较大，确实需要调整时，可以报请主管部门或者财政部门调整预算。其余收入项目需要调增、调减的，由学校自行调整并报主管部门和财政部门备案。收入预算调整后，相应调增或者调减支出预算。

2. 收入管理

　　收入是指高等学校开展教学、科研及其他活动依法取得的非偿还性资金。高等学校收入包括以下几项。

　　（1）财政补助收入

　　这是高等学校从财政部门取得的各类事业经费，具体包括以下几个方面。

　　①教育经费拨款，是高等学校从中央和地方财政取得的教育经费，包括教育事业费等。

　　②科研经费拨款，是高等学校从有关主管部门取得的科学研究经费，包括科学事业费等。

　　③其他经费拨款，是高等学校取得的上述拨款以外的事业经费，包括公费医疗经费、住房改革经费等。

　　上述财政补助收入应当按照国家预算支出分类和不同的管理规定来进行管理和安排使用。

　　（2）上级补助收入

　　这是高等学校从主管部门和上级单位取得的非财政补助收入。

　　（3）事业收入

　　这是高等学校开展教学、科研及其辅助活动取得的收入。

　　①教学收入，指高等学校开展教学及其辅助活动所取得的收入，包括通过学历和非学历教育向单位或学生个人收取的学费、培养费、住宿费和其他教学收入。

　　②科研收入，指高等学校开展科研及其辅助活动所取得的收入，包括通过承接科技项目、开展科研协作、转让科技成果、进行科技咨询所取得的收入和其他科研收入。

在上述事业收入中，按照国家规定应当足额上缴财政纳入预算的资金和应当上缴财政专户的预算外资金，不计入事业收入；从财政专户核拨的预算外资金和部分经核准不上缴财政专户的预算外资金，计入事业收入。

（4）经营收入

这是高等学校在教学、科研及其辅助活动之外，开展非独立核算经营活动取得的收入。

（5）附属单位上缴收入

这是高等学校附属独立核算单位按照有关规定上缴的收入。

（6）其他收入

这是指上述规定范围以外的各项收入，包括投资收益、捐赠收入、利息收入等。

在收入管理方面，高校应做到以下三点。

第一，高等学校必须严格按照国家有关政策规定依法组织收入。

第二，各项收费必须严格执行国家规定的收费范围和标准，并使用符合国家规定的合法票据。

第三，各项收入必须全部纳入学校预算，统一管理，统一核算。

3. 支出管理

支出是指高等学校开展教学、科研及其他活动发生的各项资金耗费和损失。高等学校支出包括以下四点。

（1）事业支出

这是高等学校开展教学、科研及其辅助活动发生的支出。事业支出的内容包括基本工资、补助工资、其他工资、职工福利费、社会保障费、助学金、公务费、业务费、设备购置费、修缮费和其他费用。

事业支出按其用途可以分为教学支出、科研支出、业务辅助支出、行政管理支出、后勤支出、学生事务支出和福利保障支出。

①教学支出，指高等学校各教学单位为培养各类学生发生在教学过程中的支出。

②科研支出，指高等学校为完成所承担的科研任务，以及所属科研机构发

生在科学研究过程中的支出。

③业务辅助支出，指高等学校图书馆、计算中心、电教中心、测试中心等教学、科研辅助部门为支持教学、科研活动所发生的支出。

④行政管理支出，指高等学校行政管理部门为完成学校的行政管理任务所发生的支出。

⑤后勤支出，指高等学校的后勤部门为完成所承担的后勤保障任务所发生的支出。

⑥学生事务支出，指高等学校在教学业务以外，直接用于学生事务性的各类费用开支，包括学生奖贷基金、助学金、勤工助学基金、学生物价补贴、学生医疗费和学生活动费等。

⑦福利保障支出，指高等学校用于教职工社会保障和福利待遇以及离退休人员社会保障和福利待遇方面的各类费用开支。

（2）经营支出

即高等学校在教学、科研及其辅助活动之外开展非独立核算经营活动发生的支出。

（3）自筹基本建设支出

即事业单位用财政补助收入以外的资金安排自筹基本建设发生的支出。事业单位应在保证事业支出需要、保持预算收支平衡的基础上，统筹安排自筹基本建设支出，随年度预算报主管部门和财政部门核批，并且按审批权限，报经有关部门列入基本建设计划。核定的自筹基本建设资金纳入基本建设财务管理。

（4）对附属单位补助支出

即高等学校用财政补助收入之外的收入对附属单位补助发生的支出。

高校在教学经费支出方面，应从以下几方面加强管理。

第一，高等学校在开展教学、科研和非独立核算的经营活动中，应当正确归集实际发生的各项费用；不能直接归集的，应当按照规定的比例合理分摊。经营支出应当与经营收入配比。

第二，高等学校从有关部门取得的有指定项目和用途并且要求单独核算的专项资金，应当按照要求定期报送资金的使用情况；项目完成后，应当报送资金支出决算和使用效果的书面报告，并且接受有关部门的检查、验收。

第三，高等学校要加强对支出的管理，各项支出应按实际发生数列支，不得虚列虚报，不得以计划数和预算数代替。对校内各单位包干使用的经费和核定定额的费用，其包干基数和定额标准要本着勤俭节约的原则科学合理地制定。

第四，高等学校的支出应当严格执行国家有关财务规章制度规定的开支范围及开支标准；国家有关财务规章制度没有统一规定的，由学校结合本校情况规定，报主管部门和财政部门备案，学校规定违反法律和国家政策的，主管部门和财政部门应当责令改正。

4. 财务监督

财务监督是贯彻国家财经法规以及学校财务规章制度，维护财经纪律的保证。高等学校必须接受国家有关部门的财务监督，并且建立严密的内部监督制度。

高等学校的财务监督包括事前监督、事中监督和事后监督三种形式。学校可以根据实际情况对不同的经济活动实行不同的监督方式。建立和健全各级经济责任制和财务主管人员离任审计制度是实施财务监督的主要内容。

第三节　高校教学质量管理实践与创新

一、教学质量管理的概念

（一）教学质量

教学质量就是学生在特定的条件（时期和教育环境）下，其整体素质达到的进步程度是否与制定的基本标准一致，以及大众对其的满意程度。其中，大众包括学生、工作部门、家长和政府中教育主管部门的人员等。众多的影响因素制约

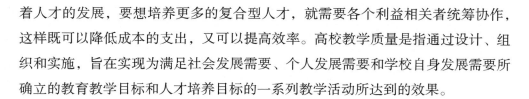

着人才的发展，要想培养更多的复合型人才，就需要各个利益相关者统筹协作，这样既可以降低成本的支出，又可以提高效率。高校教学质量是指通过设计、组织和实施，旨在实现为满足社会发展需要、个人发展需要和学校自身发展需要所确立的教育教学目标和人才培养目标的一系列教学活动所达到的效果。

（二）教学质量管理

对学校整体教学工作进行的质量上的督导和控制就是教学质量管理，它是为了保障教学质量，严格把好教学全过程的各个环节的质量关，具有全面性、全程性、规范性和动态性等特点。

根据全面质量管理理论的内容，教学质量管理系统应该包含6个要素：教学管理职责系统，教学资源管理系统，教学输入系统，教学过程系统，教学输出系统和教学质量检测、分析和改善系统。其中，教学管理职责系统包括教学质量政策和目标、教学质量管理组织、教学管理的人员代表和教学管理评估等；教学资源管理系统包含教师的吸纳和提拔、深造和培养、绩效考核、教学器材的设施采办和使用管理、图书馆书籍数量和种类等；教学输入系统包括培养计划、招生和报到等；教学过程系统包括教师的教和学生的学、研究开发课程、科学研究、班级管理、考试等；教学输出系统包括深造和就业等；教学质量检测、分析和改善系统包括听课、对教学进行评价、客户投诉应对、教学材料统计技能、修正和修正方法等。

二、高校教学质量保障体系的构建

（一）高校教学质量保障体系构建思路

各高校自身区位特点及专业优势，学校定位及人才培养具体目标各有不同，实现人才培养目标的路径也各异。为了保证教学环节完整、教学活动有效落实、实现人才培养目标，高质量的教学质量保障体系必不可少。

教学质量保障体系一般由目标、标准、因素、监控和改进五个部分组成，高校的各项管理制度和教学运转机制源于学校的办学定位和长期以来的建设经验，在国家强调高等教育高质量发展、人才培养的目标是满足社会主义现代化建设需要的背景下，外部质量保障体系逐渐健全与完善，学校在进行建设和各项制度设计时，参考的标准越来越多，而且外部保障体系的目标和要求往往是刚性的，所以学校应以外部质量保障的目标和标准作为建设的引领，与内部质量保障目标相融合，落实内部质量保障体系建设，保证学校工作机制的有效运行和对目标的达成。

为维护应用型高校内部教学质量保障体系的有效性，构建"双系统"协同教学质量保障体系应遵循以下原则：第一，整体性构建，将外部质量保障目标和标准融于学校的具体定位和办学条件，将外部与内部目标协同，教学核心系统和教学服务外围系统协同，包括多维目标、多个主体的协同；第二，以"招生—人才培养—就业"闭环来衡量教学质量保障体系的过程、结果的有效性；第三，放大教学质量保障格局，为教育做整体保障而非仅仅为教学保障。

学校的行政中心为外部质量保障目标和标准的接收口，首先依据国家教育政策、经济政策营造质量保障氛围；其次协同质保、总务、教务、学务、科研、招生就业，党务部门负责人，统一分解目标；最后结合各个部门的工作范围和执掌、分类分层执行。

在外部质量保障目标和标准的引领下，质量保障部门、教务部门依据学校办学定位和人才培养目标，协同制定各项教学活动和教学载体（因素）的一般和通行标准（以制度、要求、方案、标准等形式体现）。教学活动包括课堂教学、校内实验、校外实习实训、毕业论文等，教学载体主要有教材、实验室、教学资料和实习基地等。总务部门负责教学条件建设、满足各项教学要求；学务部门负责制定学生管理规范、素质拓展、第二课堂；招生就业部门拟定招生标准和跟踪调查毕业生就业质量；新闻中心负责对外宣传；科研部门制定科研标准与规划、提高科研水平。各个教学单位（学院、系）的管理办公室、教学管理人员结合专业特点和学院教学管理特点制定具体的教学质量管理规范，保障各个环节的教学质量。各实施主体及学校的教学质量保障部门对各项教学活动的运行进行监控，就业部门对毕业生就业结果进行评价，及时反馈，持续改进。

（二）高校教学质量保障体系建设重点

1. 教学与教学服务系统协同的举措

（1）建立学校行政中心在质量保障体系中的领导地位

学校行政中心是将外部质量保障目标与内部质量保障目标、学校教学服务外围系统和教学核心系统进行统一。所以，学校要建立行政中心的领导地位。其主要职能定位包括：第一，营造质量保障环境，强化质量至上文化，将质量保障思想与学校教育文化建设、教风建设、学风建设相融合，同口径输出。第二，作为教学服务部门之间、教学单位之间、服务部门和教学单位之间协调的纽带。第三，直接领导质量保障部门，接受质量保障部门的质量报告和提出综合改进意见。

（2）形成质量保障会议制度，保障两个系统质量保障信息对称

制定质量保障会议制度，定期、不定期召开两个系统各部门负责人的质量保障协调会，保证信息对称，权责明晰，及时发现问题并沟通解决，保证两个系统的目标协同、教学质量保障活动协同。

（3）质量保障部门作为日常质量保障运行监控枢纽和质保数据的汇总部门

质量保障部门受行政中心直接领导，相对独立于其他部门，负责教学质量保障体系的构建以及教学质量保障体系的日常运行和监控，同时从各个教学部门和教学活动的各个环节、各个时点收集教学质量监控数据，并对阶段性数据、分部数据开展及时分析。在数据收集过程中，注意一手数据和二手数据的分类管理，需经其他部门首次收集的数据协同，统一数据收集口径，节约时间和成本，如毕业生就业数据和社会评价数据，由招生就业部门先行收集，而后汇总于质量保障部门，招生就业部门需要与质量保证部门预先沟通，设计毕业生就业信息收集的口径。

（4）从制度、质保活动、人员设置三个角度使质量保障体系融入各个部门

为保证教学质量保障体系随时随处发挥作用，从制度、质保活动和人员设置三个角度分层设置，全面布局：设置"学校—职能部门／教学单位（学院）"

质量保障制度，确保各项质量保障活动有制度可依、有规范可循；各部门根据质量保障制度和质量保障目标开展各项质量保障活动，保障各项教育教学工作有力开展；设置"学校—职能部门／教学单位（学院）—教研室—学生"四级质保专员制度，保障质量保障体系在各层级和各环节有效发挥作用。

2. 两个系统"PDCA"闭环的实施

（1）教学服务系统的执行过程

质量保障体系的运行建立在高校正常运转的基础上，建立在各个职能部门的具体业务实施中，故而两个系统质量保障体系的运行可以借鉴 PDCA 模式（Plan Do Check Act），以"计划—执行—检查—改进"这一闭环来实施。教学服务外围系统中，以学校的行政中心为核心，在协同目标和标准后，落实到具体的业务上，表现为统领各个部门制订工作计划为起点，从而进入周而复始的循环，所以教学服务系统的 PDCA 可以构建如下：每个教学服务部门根据工作执掌，做好阶段性工作计划，经学校行政中心讨论研判，协同制订计划，而后进入执行环节，依据计划对照执行，学校的质量保障部门和校长办公会等对计划执行情况、执行过程和资料进行监控与检查，提出改进措施，反馈于各个部门以及时改进。在这个过程中，强调由学校行政中心集中管理，各个部门具体执行，学校行政中心和质量保障部门开展内部评价与监控。

（2）教学系统的执行过程

学校办学定位的实现最终要落实到人才培养质量上，而人才培养目标的达成需要两个系统的协同，并最终落实于教学活动的实施。教学活动的实施至少包括以下要素：教学管理、教学主体、教学客体、教学载体、教学手段等，有显性要素和隐性要素，有程序性要素也有价值性要素，在具体实施中，各个要素也可以表现为 PDCA 过程。每个教学要素的执行主体各司其职，在各自的工作范围内依据工作目标制订相应计划，计划通常以专项方案、专项计划等文字形式存在，各主体遵照执行；各要素有特定的执行标准。教学管理部门参与所有环节标准的制定和检查，督促其改进。教务部门和学院、学校的质量保障部门参与所有环节的检查。

三、高校教学质量管理的改进和创新

（一）高校整体教学质量管理改进策略

教学质量管理在高校工作中非常重要，是不可忽视的一个方面，并且关乎着各个利益者的利益，针对这些问题，这里具体探讨进行改进教学质量管理的对策，主要包括六个方面：提高教学质量管理人员的水平、加大教学质量管理工作宣传、积极支持学生参与教学质量管理、加强学生参与权的制度建设、提升学生参与教学质量管理的素质和能力、建立教学质量信息反馈改进系统。

1. 提高教学质量管理人员的水平

在高校的教学质量管理工作中，管理人员起着非常重要的作用，能影响到高校人才的培养质量。所以提高高校教学质量管理人员服务水平和专业素质就变得尤为重要，管理人员的管理水平和效率也要跟上当今社会发展的要求。

（1）提高教学质量管理人员的服务水平

要切实地搞好教学质量管理工作，使其顺利进行，教学质量管理人员必须有明确的服务意识，提高服务水平会使教学质量管理的进行事半功倍。因为学校的建立就是为了满足人发展的需要，所以学校就是为需要的人提供服务，应该以服务的对象为本，也就是以学生为本。随着教育的发展，教育竞争也日趋激烈，而高校之间竞争的关键之一就是能不能为服务对象提供高效优质的教育服务。因此，教学质量管理人员必须有服务意识，以学生为本，做到热情服务、耐心解答、满足要求，以积极向上的精神面貌去对待工作，真正做到让教学质量管理为教学服务，保障教学工作的顺利进行。

（2）提升教学质量管理人员的专业素质

高校教学质量管理人员除了要有服务意识、高水平的服务，还要提升相关的素质。首先是思想素质。高等教育担负着培育人才的重任，不仅要培养能够建设社会的人才，还要能发展人才。因此，具备过硬的思想素质是教学质量管理人员做好这项工作的基础。这些管理人员应该具备和提升的思想素质，包括正确的政治和工作思想以及顾全大局的思想素质。其次是职业道德。高校教学质量管理人员职业道德核心是对党的教育事业忠诚，所以，管理人员高尚的职业道德是有效开展教学质量管理的基础。再次是管理素质。高校教学质量管理人员在从事教学质量管理工作时必须具备的基本条件就是要有高层次的管理素质，高校的办学水平和教学质量管理人员的管理素质及管理水平有着紧密的关系。因此，教学质量管理人员应该具备的管理素质包含和教学质量管理工作相关的基本知识、较高的日常教学质量管理能力、组织协调的能力以及不断学习新知识的能力。最后是创新素质。教学质量管理人员必须掌握教学质量管理的内在规律，除此之外，还要有创新意识，时刻本着创新的精神来找寻自己学校发展所适合的路，在不断地实践和总结中提升工作效率。

（3）提高教学质量管理人员的管理水平和效率

首先，优化教学质量管理队伍。高校中能在教学质量管理岗位上工作的人员不仅应该德才兼备，还要懂教学质量管理知识，学校要按照教务处和各院系的要求去配备好这些人员，人员数量也要和办学规模相适应，新进的教学质量管理人员应该具备相应的学历和工作经验。要加强对教学质量管理骨干的培养培训，定期系统轮训一次，让新上岗的教学质量管理人员具有强烈的工作责任感，掌握必需的教学质量管理相关的知识和手段，快速地领会到工作的本质内容，加快适应工作的步伐。同时，学校还要激励他们通过继续深造来提高理论和工作研究的能力，提高分析解决难题的才干。

其次，定期进行考察和研讨。要让教学质量管理人员听取同行知名专家开的讲座，或是去著名高校进行参观、考察、学习和交流，吸取借鉴一些先进的教学质量管理理念，以提高自己的业务水准和能力。

最后，保持教学质量管理队伍的稳定。各高校应该制定出相关的政策，切实地解决好教学质量管理人员的待遇问题，使他们不用为其他问题分心，更好地集中精力去搞好教学质量管理工作。学校还要加强教学质量管理的现代化建设，构建起高效共享的教学质量管理网络平台，推动教学质量管理的科学化和现代化，提高管理的效率。

2. 加大教学质量管理工作宣传

为了实现教学目标，学校应该让学生在教学实施之前就明确地知道教学目标和要求，因此在学生中要加大对教学质量管理工作的宣传力度，充分利用覆盖学校的多种媒介，并调动具备管理能力的学生参与这项工作的积极性，共同完成教学质量管理工作。

（1）充分利用各种媒介进行宣传

学校的教学质量管理部门通过校园广播、校园网络以及宣传栏等，把教学工作的具体情况和进程及时对外公开，也可以请一些有关学院的人员共同参与，以增加行政人员和学生对教学质量管理工作的了解，学校还可以编印有关高校所颁布的教学质量管理文件，向学生宣传学校教学活动中的规定、要求和办事程序，以此来转变教学观念和完善教学质量管理，为学生提供更多的便利服务。

（2）调动学生管理人员的积极性

学生群体中那些具备管理能力的人，可以在教学质量管理过程中起到上下连接的沟通桥梁和交流纽带的作用，而对于这些学生来说，参与教学质量管理又是锻炼能力的机会。因此，高校应该重视对这些学生的培养和管理，充分调动其参与教学质量管理工作的积极性，有效地连通"学校"到"学生管理人员"再到"学生"之间的信息往来。

通过专门的培养和管理，提高学生管理人员的认识，以此带动更多学生，让他们对高校的教学质量管理有所认识，只有认识充分了，才会更好地配合教学质量管理人员开展相关的工作，有利于工作的顺利进行，进而也给高校的教学质量管理工作带来更大的成效。

3. 积极支持学生参与教学质量管理

高校管理的主体包括管理人员、教师、学生，学生作为高校利益相关者之一，也有参与其中的权利。当一个组织强制它的内部人员服从它的权威时，这个组织里将出现信息不对称现象，一定会存在矛盾和冲突，而当它建立在内部人员对其的认同之上，这个组织一定会长久。高校也一样，它的权威不能是通过强制实现的，必须依靠来自学生的认同。以前学校没有征求学生的意见而制定出来一些规章制度对学生进行约束，现在高校积极主动地让学生参与教学质量管理工作，满足学生的需要，学生就会认同学校的工作，学校的工作也将顺利进行。

（1）积极主动争取领导的重视和支持

引起领导的重视，获取领导的支持，才不会让学生参与高校教学质量管理工作变成一个口号，流于形式或者昙花一现，而会使学生管理队伍参与高校教学质量管理工作更坚定有力。因此，教学质量管理部门要和学生管理队伍一起争取学校领导的支持，特别是负责教学和学生工作的领导对学生参与教学质量管理的支持，使领导能高度意识到学生参与教学质量管理的价值和意义，这不仅能促进学生的全面发展，还能提高高校的教学质量。

（2）学校与学生管理部门相互合作

教学质量管理部门和负责教学的领导应该和学生管理队伍（共青团、学生会等）主动地对学生参与教学质量管理工作进行指导。高校教学质量管理部门给学生提供机会使其能参与教学质量管理工作并对其进行指导，学生管理部门也要提升工作水平，积极投身于教学质量管理的工作中。两者中任何一方的努力都不能少，否则都会影响工作的有序开展和进行，只有两者通力合作，才能真正实现学生参与教学质量管理的价值。

4. 加强学生参与权的制度建设

学生团队是由优秀的、有能力的学生组成的，可以代表学生发言，这样类似于专门委员会的形式应该是制度化的、可持续的，其作用包括在召开学生座谈会时发表意见和建议；学生以书面的或口头的形式做出反应；学生评教制度和学生代表制度等。因为大学和学生之间都有着共同努力的方向，彼此信任、合作，所以，学生参与学校的教学质量管理有进行下去的必要性；但参与教学质量管理工作，学生必须具有参与其中的才能和品质。当然，大学生的职责主要还是学习，在参与教学质量管理的过程中要保证不耽误自己的学业，因此就要正确地把握学业和管理的关系，还要处理好与学生会、学习部等相关部门的关系，使参与教学质量管理成为学习管理能力的提升和拓展渠道。

5. 提升学生参与教学质量管理的素质和能力

人是实施制度、理念和措施的根本，高校教学质量管理除了管理人员，还要有学生管理队伍，而要使学生参与教学质量管理真正可行，就要求学生管理工作队伍是高素质、稳定的工作团队。学生管理工作中最重要的就是学生干部，他们是学生群体中的优秀人员，他们参与管理的能力强弱是学生参与管理成功与否的重要影响因素。

　　大学生要正确对待教学质量管理工作，通过实践提高教学质量管理的能力，高校教学管理部门应该采取多种渠道和途径实现学生的参与和实践，并激发他们的热情，丰富他们参与教学质量管理的知识和技能。

　　高校学生已经有了一定的自主性，他们的个性心理也已经相对成熟，并具有相应的知识水平，也有强有力的民主参与能力和意识，所需要的就是恰当的引导与积极主动的培育。因此，高校应该运用多种方式，让学生对他们的权利和义务进行透彻的了解，准确理解民主的含义。高校还要组织学生进行相应的培养和训练，为学生提供更多的机会，向学生传授参与教学质量管理的相关理论知识和实际操作的技能，使学生在参与实践过程中，能力经过锻炼而提高，并成为有道德、有素质、有责任、有意识的个体，进而给高校的民主化管理带来积极向上的作用。此外，高校还应该对学校决策的相关工作做好宣传，与学生增强彼此的信任和理解，从而提升学生的角色感、参与感以及责任感，使学生的个人利益和目标与高校的教学质量管理结合起来，唤起学生参与教学质量管理的积极性。例如，可以把参与教学质量管理作为实践课程、选修课，大学生参加这样的课程，可以得到相应的学分。

6. 建立教学质量信息反馈改进系统

　　使监控教学质量的多样化主体、多级别客体和教学目标等依照一定的关系进行组合并发挥作用的互相关联的一致体系，就是所谓教学质量信息的反馈系统，它以教学质量管理和控制的角度为出发点，由教学质量监控的主体对监控的目标做出反馈，来强化整体教学质量监控体系的错误修正能力，使其不断地优化和完善的过程。教学质量信息反馈系统中的各个子系统积极互动、协调和连接，产生合力效应，使之一步步完善，从而形成教学质量信息反馈改进系统，这对教学质量的提升有着积极而重要的作用。为确保教学质量管理进行得高效顺畅，高校应该构建有关教学质量信息反馈的改进系统，相关信息以各种形式反馈到质量负责人处，包括口头上的、书面的、公开在网络上的、教学的定期会议等形式，方便质量负责人在以后的工作中加强改进，提高教学的质量。各种各样的有关教学质量的信息一定要及时地反馈给学生处、教务处以及主管学生和教学工作的领导处，以便他们及时知道学校总体的教学质量情况，进行宏观控制与调整。具体关于学生参与的环节应包括：第一，可以从班级中挑选一名有责任感并能和其他各方面人员进行有效沟通的学生，然后加以特定培训，让其对教学质量管理相关工作进行全面深入的了解；第二，这些挑选出来的学生作为学校教学质量管理中的纽带，要及时地将教师上课的真实具体情况进行记录、汇总和梳理，尤其是一些异常状况，以便管理部门掌握真实的情况，并对亟待解决的问题快速了解，进行处理；第三，在班级内建立意见信箱，方便其他学生表达意见，使问题表现得更全面、更真实；第四，定期进行学生问卷调查和评价，开展学生参与的有关座谈会，使学生明确参与教学质量管理的价值和意义，能够发自内心地积极主动参与进来，实现学生参与的有效性；第五，利用现代化设备和条件，开设网络互通平台，向全体学生开放，使信息的交流更快速方便，这也更有利于学生与学校的平等沟通，同时，为了发挥学生在教学中的主体作用与地位，学校将有关信息和处理意见及时反馈给学生，对于无法立刻解决的问题要说明原因，最大限度地为学生参与教学质量管理提供制度保障，搭起教学互动的平台。

（二）新媒体下高校线上教学质量管理创新策略

1. 树立并宣传线上教学全面质量管理观

在高校线上教学管理中务必树立顾客观与质量观。顾客观和质量观是全面质量管理思想的两个核心观念，将线上教学管理看作一种"服务"而不是制约，视线上教学中的教师、学生、社会等为有需求的顾客。在我们的社会持续稳定的发展下，线上教学作为一种重要的教学形式必须着眼于长远，充分认识到线上教学中应具有的管理理念，从而保证线上教学质量随着教师、学生、家长、社会的需求而不断调整，使线上教学质量管理可以向着更好的方向发展，并使线上教学模式所培养出来的学生素质能够适应社会对人才的需求。教师与学生在线上教学中是基本要素，所以管理人员应将教学质量的优质输出，看作教师为学生做好服务。

另外，做好全员参与性的宣传工作。高校线上教学质量管理是一项复杂的系统工作，应推行全面质量管理理念来实现高校线上教学的质量优化，并使线上教学优质地生存下去，为全体参与者树立可持续发展的理念。应积极推广宣传和使用高校线上教学全面质量管理的管理模式与管理途径，从而保证高校线上教学管理全过程的实施。在重新构建的高校线上教学体系下，高校线上教学参与者需要对新的质量管理流程和文件有足够的认识并进行全员性的宣传，才能更好地贯彻落实在全面质量管理体系下的线上教学质量管理。学校以及平台的每个参与者都要有质量责任意识。高校教学每个环节分配到每个人的任务做到不交错，层层递进，加大培训力度，加强线上教学发展的宣传，既可以提高线上教学质量，又有助于高校线上教学的长期发展。

　　线上教学工作检查是对教学运行状况进行动态监测的重要环节，是线上教学全面质量管理体系的重要组成部分，是提高线上教学质量的重要手段。全面质量管理体系下的线上教学运行过程期间，必须进行全面的质量控制，及时发现偏离标准的各项活动及结果。质量控制横向涉及学校线上教学工作的全部方面，如教学平台状况，教师的教、学生的学，课堂质量控制，线上教学目标、教学计划、平台沟通、教学过程和每一项教学辅助工作。围绕线上教学管理工作、教师教学质量和学生学习质量 3 条主线，通过全力深入的督导组评教、学生评教、教师自评等多种形式，做到以活动为载体，发扬线上教学全员性的管理，规范线上教学过程，充分调动教、学、管多方面的积极性，努力扩大教学工作监控的成果，使教学工作进一步科学化、规范化、全面化。

2. 设立合理的教学目标

　　教学目标是线上教学工作的整体导向。由于线上教学是高校教学的子系统，有和传统教学相通的方面，也有其特性的方面。在目标设定过程中，高校教学管理人员应该发挥学生与教师的主体性，实施全员管理、全员参与的原则，将其贯穿到整个线上教学管理中。在目标设定上要全方面考虑，高校线上教学对象主要为原有班级的学生或者统一专业的学生或是其他院校对课程有需求的学生，教学宏观培养目标由学校或学院在课程开设前根据线上教学的特点、专业的特点、院校的特点进行全面发展性的目标定制，教学的微观维度目标一般由任课教师根据实际教学内容、学生基本素养进行个性化制定。在线上教学目标制定中需贯彻"以学生为主体"的宗旨，因此，应在进行教学之前，加强对学生的学习素养和教学平台操作技能等进行分析，对线上教学内容加以分解制定出更细致的线上教学目标。将学生的声音充分扩充到线上教学的准备阶段，以多种方式方法收集学生的声音，让学生可以表达属于自己的目标和期望，便于教师制定教学目标时具有可行性、现实性、针对性，尽量做到不同学生的需求全部得到满足。

高校线上教学质量管理的目标建设层次上应包含多种学科知识的建构，增加学生的自我管理能力、毕业后的就业能力，信息化教学稳定发展，以及创新能力的养成等。短期目标的建设上包含课时的高效完成性、信息技术能力的进步、更强的专注力、线上新型团队合作能力、交流能力等。

3. 完善高校线上教学质量管理组织系统

高校教学组织指挥系统是线上教学质量管理体系中的"位置"心脏，其功能是对线上教学各阶段进行组织、运作与协调，其组织的合理与否直接关系到线上教学质量的管理效率。高校的线上教学质量管理是行政管理与课程管理的结合。所以教学组织系统应由两个分系统构成：一个是教学行政管理；另一个是教学课程管理。

线上教学的行政管理组织建设应在原有的行政管理组织下增设教学平台协调处，其组织运行方式是按学校线上教学管理人员层级进行行为递进式的管理活动。主要功能是对线上教学起到发展方向性的指导作用，及线上教学顺利进行的保障作用。该组织系统运用行政管理的手段，对教师、管理人员、学生、教学平台等要素进行整合管理，对所有的线上教学活动的走向进行计划、组织、协调、指导，以确保教学质量整体目标的实现，同时对课程管理的组织系统提供服务和支持。线上教学课程管理组织分系统在原有的组织基础上设置增加线上教学技术与技术培训部门、助教管理部门、扩大督导队伍。此部门着力线上教学的技术保障，线上课程建设，开发新型的适合线上教学的教学方法、学习方法、考试方法，监督反馈机制，评价体系，促进线上教学改革，使线上教学顺利进行，等等。通过课程管理组织的管理活动深入进行，实现对线上教学质量的控制。组织工作时要注重管理信息、教学信息的双向交互并将服务教师与学生作为行动指南。

高校线上教学组织的合理人员结构与管理人员的素质能力，决定了教学质量管理的成败。强化线上教学管理人员为师生服务的意识和创新管理理念，从而达到教学质量管理的优化。不论在计划还是发展期间始终着力统建一支管理思想

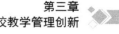

全面且创新、业务与个人素质强、有丰富的线上教学经验和知识且力求创新变革的教学管理队伍。这样的目标要求我们在发展线上教学的道路中注重开发与培训线上教学管理人员的线上管理技能学习，使管理行为更为奏效，切实提升线上教学质量。

4. 重构保障运行机制与质量监控评价机制

（1）重构保障运行机制

"人"是高校线上教学的重要因素，且在线上教学主要要素中占有两项。所以要想使线上教学过程管理高效运行，必须对教学活动中的人有所干预，充分调动教师、学生和管理人员线上教学的积极性，健全教师的发展机制从而保障教学系统高效运行。线上教学质量管理的保障机制主要涉及4种机制：第一种是竞争机制。通过竞争达到优质教学资源的输出以及调动教师、学生和管理人员的积极性奔赴线上教学，获取属于自己的荣誉与地位。学校在线上教学过程中通过线上教学能力竞赛、学生线上课程知识与创新能力的竞赛等多种手段达到促进竞争的目的。第二种是激励机制。激励机制是高校线上教学质量管理调动主动性，促进师生自我管理能力的生成主流机制。人文精神、诱导、奖励是实施线上教学激励机制应遵循的基本原则。线上教学质量目标和阶段性的课程目标将师生以及管理人员的经济激励或精神激励相结合，将线上教学质量保障与多重奖励等结合起来，使全体师生将线上教学质量的提升作为自身的需要，做到不断激发教师积极性，增强其投身线上教学质量的内在动力。第三种是创新机制。创新是推动线上教学变革的最有力途径。线上教学创新机制不仅包括教师的教育理念、教学模式的创新和教学内容、教学方法、教学手段创新，还包括学生学习方法、学习环境，管理人员的管理思想、管理行为的创新。创新机制做到全员性参与是保障创新机制运行的重要条件。第四种是约束机制。约束机制是保证高校线上教学工作有序开展的重要条件。学校各部门要根据线上教学的质量目标及师生特性制定约束准则，管理人员对自身以及教师、学生、教学平台做好行为约束，教师对学生的约束，自我的约束要齐头并进，从而保证线上教学工作有序开展。

（2）重构质量监控评价机制

线上教学质量监控的五大主要要素为人（教师、学生、管理人员）、物（教学平台，终端设备、教材、图书资料）、方法（教学、学习、管理方法）、考核（学生教评、课程考试）、教学环境（风气、空间）和教学管理。针对这些要素，应按照做好预防、加强过程监控、反思结果的思路，即对线上教学实施前的体系监控、实施过程的人员与活动监控，以及最后的教学质量输出监控。并针对监控各环节制定一系列的线上教学管理规章制度，保证线上教学运行的科学性、规范性和延续性。在线上教学的监控中秉持全员性、全过程、全方位、有规划、多渠道、多形式的监控。

完整的高校线上教学质量评价可对线上教学的教学过程和结果做出数量或质量的评价，并与期望的标准进行全面的比较，呈现出当前线上教学工作的优劣。教学评价系统是保障与提升教学质量的重要手段。全面质量管理理论认为评价是一个控制、反馈和持续改进的过程。评价系统的适用性是目前各高校急于解决的问题，高校教师考核评价体系急需完善与改进，应着重从以下三方面来创新教师评价体系。第一，强调评价指标的多样性，保证各类教师与不同学生有标准可依，通过课程的特殊性将教师进行分类管理，将线上教学所涉及的方方面面全部纳入评价当中。第二，强调评价体系的客观性，减少冗杂的人际关系。做到多看质量少看"面子"；减少通过率的评价，多看实质行为。第三，加强过程评价，管理人员对线上教学中的人实施过程跟踪管理，以结果评价为辅，提升考核评价的科学性与时效性。教师对学生的课程评价方面应加强学生的课堂表现，凡是教师具有创造教学价值，学生具有创新与努力的表现，都应当得到支持与肯定，使评价激励的结果更明显多样；遇到负面行为要积极加以疏导。线上教学质量评价机制的重构在很大程度上提高了线上教学质量。

5. 加强线上教学平台建设工作

线上教学平台功能性是教学质量的前提和基础保障，更是教学质量管理有效进行的基石。线上教学平台选择上应满足课程设计与开发功能、资源上传与传输功能、师生交互功能、考核与评价功能、课程管理功能、学习资源覆盖性广的功能等。课程界面应简洁易操作，符合学习的背景设计。

教学平台学习资源的提供，除平台本身具备的功能外，还应考虑学校提供的教学资源，教师提供的学习资源，在平台中可以顺利应用，服务型原则是全面质量管理的顾客性导向理念。为顺利开展线上教学，教师除了根据自身特点选择适合的教学平台之外，还必须保证课程内容的良好呈现，要呈现优质的教学资源有两种方式：一种是使用原有课程的教学资源即PPT；另一种是通过教师根据线上教学的特点在教学平台上自己设计、制作所学的教学资源。为实现这两种资源的长期性与延展性，发展平台系统内的教学资源开发与设计尤为重要。管理人员应在平台提供保证学生全面发展的学习资源，做好电子图书馆的工作，提供教师备课所需的教学材料。

增强学校与教学平台的校企联络，是保障线上教学长期发展的必要手段。目前来看学校与教学平台是独立的，仅有的关系为提供课程或使用课程，双方应着力改变这样的浅表关系。以合作共赢为目的，即平台企业良好运转，校方的线上教学长期发展。平台为各校建立专门的板块，根据学校性质、专业性质、学生素质的不同设置专门化的通道，以及建设校企间的沟通渠道，及时沟通需求与问题，建设良好的战略性合作。

6. 师生能力培养创新化

（1）教师能力培养

在线上教学质量管理体系中，打造一支素质高、教学能力强、信息技术水平高的线上优秀师资团队是提高高校线上教学质量的关键。

高校应培养教师信息意识。在线上课堂中，信息化成为其最显著的变化。高校教学管理应通过政策的宣传和指引帮助教师树立信息意识，提高对信息的捕捉力和敏感度，将对信息的运用内化为自觉意识，自然地融入教学创新及专业研究，从而不断地跟随时代脚步。

另外，高校应注重提升教师信息技术水平。信息技术水平体现出教师对信息的运用能力，就目前情况来看，教师的信息技术水平仍需提高。高校应针对不同教师的学科特点和岗位需求开展多样化的教学技术培训，提高教师运用信息技术的能力，帮助教师适应现代化教学环境，推动教学创新的实现。高校应有针对性地发布线上教学技术指南，帮助高校教师群体能够在实现操作"无障碍"教学的基础上进行高质量教学。

注重发展教师教学能力。为适应教学新形势，教师的语言能力、专业知识、信息技术运用能力、课堂组织能力等都必须大幅提升，教学能力的不断提高始终是职业生涯的永恒追求。为此，开通专门的教师发展之路，不断开展为教师素质提升与创新能力培养"配货"，为教师提供广阔的学习与交流平台，促进学术探讨与教学经验的交流与分享，从而有效提升教学能力。

（2）学生能力培养

学生的自主能力是目前线上教学培养人才的核心任务之一，也是当今创新人才必备的素质之一。学生在离开传统的教室环境下的学习，缺乏教师与管理人员的实时监督和同学间的沟通交流，其自主能力的优劣成了影响学习质量的重要因素。高校线上教学中，教师作为监管者的角色被削弱，管理人员与教师需引导学生形成自我规范的学习能力，教会学生如何自律，如何在线上教学中高效率地学习。管理人员、教师首先让学生充分认识自我，鼓励学生用持之以恒的态度和恰当的方法将目标实现，通过教学内容与方法的改进教会学生自主学习、如何学习、终身学习。高校线上教学中，管理人员引导学生感受到信息技术的教学魅力，教师可多设置小组交流合作的学习模式，以小组的模式激发学生的主动探究能力，根据不同类别学生设置个性化教育方案，尽可能地满足学生自主学习需求，构建线上教学独特的学习文化，营造良好的育人氛围。另外，也需转变学生的学习观念，使学生摒弃功利的学习思想，寻找内在的学习动力。在线上教学设施条件上，高校可通过互联网技术及人工智能的支撑，将线上教学资源优化配置，给予学生更多的学习动力，实现更加立体、生动、高效的线上教学，推动个性化定制学习模式的产生。

第四章

高校教师管理创新

第一节 高校教师在学校发展中的地位

一、教师是学校发展的战略资源

教师在学校发展中具有非常重要的地位，是支撑学校发展甚至是整个教育事业发展的最重要资源。或者说，教师是学校发展的第一资源，是学校发展中最难替代的生产要素。学校是传授知识的场所。

所谓战略资源原指在战争中对全局起到重要影响的资源，现在泛指对某一事物、现象或者组织的总体走向起着重要作用的资源。在知识传授的场所中，传授知识者必然是其战略性资源。因为，在知识传授的场所中，唯有知识的传授者能够持续不断地为其存在和发展提供动力。

在学校组织中，教师通过参与"教与学"这一学校核心活动，将自身的知识传递给学生，提升学生素质、发展学生能力，为学校组织的存在和发展提供动力，保持学校的运转。从根本上说，学生的发展是学校的立校之本；培养学生是学校存在的最基本理由，学生的培养质量是学校的核心竞争力。也就是说，通过"教与学"活动的开展，教师用自己的人力资本为学校的发展持续不断地提供着不可替代的资源。

设立学校及其他教育机构必须具备的四个基本条件之一就是要有合格的教师。仅此便可以看出教师对于学校而言属于不可替代的战略资源。教师是学校发展中不可替代的战略资源主要体现在以下两个方面。

（一）专业性使教师成为学校发展中不可替代的资源

专业性是指从事某项职业需要满足的一定的专门知识和技能标准。一般来说，专业性标准主要包括：从业人员在工作时必须运用专门的知识和技能；从业人员必须要经过长期的训练才能够胜任；工作要为社会发展提供不可缺少的服务并强调服务精神，而非过分强调经济报酬；从业人员在其专业领域具有较大的自主权；从业人员需要有一定的职业道德约束；从业人员需要不断进修才能够保持其专业性；从业人员必须获得较高的社会评价。

1. 从事教育工作必须广泛掌握多方面知识

从教师职业的准入制度来看，从事教育工作必须要运用一定的教育教学知识和技能，并且需要在某一领域广泛掌握所要传授的知识。一个未能掌握基本教育教学知识和技能的教师显然不是一个合格的教师。世界各国对教师都有一定的准入制度。其中，教育教学知识和技能是必须要经过考核的项目。并且，在教师职业的准入制度中，不同层级教师的知识水平和学历水平也是重要的考核内容之一。取得高等学校教师资格的人，应当具备研究生或者大学本科学历。

2. 从事教育工作必须要经过较长期的训练

我国教师职业准入制度虽没有明确规定教师必须是接受过师范教育者，但是目前主要来源于师范院校毕业生。大部分教师在师范院校的学习时间一般都超过了 3 年，经历了一个较长期的训练过程。

3. 教师职业为社会发展提供了不可缺少的服务

教师是培养社会人才的重要职业，为社会输送了大量的优质人力资源。在现代社会中，人力资源已经超越资本成为第一资源。教师在社会人力资源开发中扮演了非常重要的角色。人力资源的开发主要有两大途径：一是对现有人力资源进行科学有效的配置，发挥现有人力资源的最佳效益；二是大力发展教育，通过教育手段不断提高人的受教育水平，增加其知识和技能，以此提高人力资源水平。

从根本上说，社会人力资源的开发取决于教育的水平和质量，而教师作为学校教学活动的主体，通过教育活动为社会提供了培养人才、开发人力资源等不可或缺的服务。并且，实践也证明了教师职业并未也不可能完全依靠物质激励得以维持。教师职业事实上更多地强调了一种服务精神：服务学生、服务社会。现在所提倡的"以学生为中心"和"生本教育"以及大学社会服务职能的衍生都体现了教师职业的服务精神。同样地，一些对教师职业的赞扬之词也表明了教师职业的服务精神，比如将教师比喻成蜡烛和春蚕。

4. 教师必须要坚守严格的职业道德

教师职业如同其他专业化的职业一样，需要遵守一定的职业道德。教师必须要遵守宪法、法律和职业道德，为人师表。教育关系着整个社会发展与国家竞争力的人力资源基础，也关系着中华民族伟大复兴之梦想的建设者的培养质量。教育事业的直接责任肩负者毫无疑问是教师。作为教育事业直接肩负者的教师如果不能坚守职业道德，教育事业就会陷入困境，社会人力资源开发将失去根本，社会发展和中华民族的伟大复兴之梦想也无从谈起。教师的基本职业道德大而笼统地可以概括为"忠诚奉献、热爱学生、诲人不倦"。这是教师的基本义务，也是教师的基本职业道德。

教师职业具有较为明显的专业性，基本满足了专业性的几个重要标准。正是由于教师职业的专业性，所以教师在社会发展和学校发展的生态群落中才具有不可替代的位置，成为学校发展中不可替代的资源。

（二）教师有能力监护学校发展并具有相应公共品格

教师由于其较强的专业性、较高的文化知识要求以及处于学校"教与学"核心技术层面等而具有了监护学校发展的能力。不仅如此，教师还具有监护学校发展的公共品格。教师职业的准入制度已经规定了教师通常都具有较高的文化知识水平。国内外的研究结果和实践都已经表明文化知识水平同个人能力和参与民主管理意愿都有着密切关系。通常，文化知识水平越高，个人能力就越强，参与民主管理的意愿也越强。

1. 教师有能力监护学校发展

（1）教师对学校发展具有敏感性

教师是学校组织中占绝大多数的群体，广泛分布于学校核心工作一线，对学校发展具有敏感性。教师由于处于学校教育工作的一线，所以是对学生的学习和发展情况最有发言权的群体，同样也是对学校发展状况和发展方向最有发言权的群体。他们通常能够非常及时地了解学生学习、发展及学校发展的最新动向，也能够依据其专业知识预测学校发展的战略方向。教师在学校发展监控系统之中相当于无处不在的传感器，能够广泛收取来自学校发展各个方面的信息并及时进行传导。一旦学校发展偏离了预定的轨道，最先发现问题的人往往是一线教师，而非那些学校管理阶层。正是因为如此，教师是学校发展的最佳监护群体。

（2）教师具有分析学校发展信息的能力

文化知识水平和对于知识的兴趣使得大部分教师能够自觉地了解学校外部环境的相关信息，并结合学校发展过程中的信息进行分析。外部信息、学校发展信息和教师文化知识水平相结合使得教师具备了分析学校发展信息的能力，能够较准确地把握学校发展信息的实质性内容。教师能够分析学校当前发展是否偏离了环境需求、学校内在发展需求以及预定发展规划偏离了多少，并能分析出主要原因并寻找解决办法。

2. 教师具有监护学校发展的公共品格

美国著名社会心理学家亚伯拉罕·马斯洛（Abraham H. Maslow）的需要层次理论将人的需要从低到高依次划分为生理需要、安全需要、社交需要、尊重需要和自我实现需要 5 个层次。生理需要主要包括呼吸、食物、睡眠、性等基本生存需要；安全需要主要包括健康、财产、人身等需要；社交需要主要包括友情、爱情、性亲密等需要；尊重需要主要包括自我尊重、被他人尊重及对他人尊重的需要；自我实现需要是最高层次的需要，主要包括道德、创造力、自觉性、问题解决能力、公正度、接受现实的能力等需要。

对于教师而言，需要的五个层次同时存在。但是，教师较高的文化知识水平和专业信仰在很大程度上影响了其需要程度在各个层次的分布状况。相对于其他职业人群而言，教师倾向于更高层次的需要。这是很多教师能够在艰苦的环境中始终坚持从事教育工作的重要原因，也是教师值得敬佩的重要方面。很多时候，教师在低层次的需要尚未得到完全满足的情况下，就会对高层次需要的满足表现出强烈的渴求。教师在对尊重需要和自我实现需要方面表现得特别明显。在很多教师眼中，尊重需要和自我实现需要比工资和吃饭都重要得多。

由于教师往往在学校的工作中最重视的是尊重需要和自我实现的需要，所以教师通常将自己和学校发展联系在一起，认为自己和学校之间是一种共生共荣的关系，而不仅仅是一种雇用与被雇用的简单劳资关系。虽然薪酬会对教师尤其是青年教师的发展和工作积极性产生重要的影响，但大部分教师更关心的仍然是学校的发展以及依托学校而发生的"教与学"活动。对于一位教师而言，没有什么比培养出优秀的学生更具优越感和幸福感，也没有什么比培养出众多优秀学生更加能够实现自我价值和满足自我实现需要了。而优秀学生的培养必须要依赖学校的运转。因此，教师通常比公司的员工更加关心其所在组织的发展，将个人和学校的关系视为一种共生关系。一旦教师将自己和学校间的关系视为共生关系，那么他们关心、监护学校发展的公共品格就顺理成章地得以形成。

综合而言，教师对于学校发展来说，既能够持续不断地提供不可替代的资源，又具有对学校发展进行全方位、全过程监护的能力和相应的公共品格。因此，教师是学校发展的战略性资源。

二、教师是学校教育质量的根基

对于所有的学校而言，教育质量都是其生命线，决定着其生存和发展状态。这一点可能没有任何懂行的人会提出质疑。即便是在组织目标多元化现象比较明显的高校，教育质量也是其生命线。对于一所学校而言，其核心竞争力便在于教育质量。教育质量是衡量学校办学水平与竞争实力最重要的指标和维度。一所学校的教育质量决定了其在本层次教育领域和本地区教育领域中的地位和影响力。

换句话说，只有高质量的教育，才能培养出大量优秀毕业生；没有大量的优秀毕业生，优秀的学校就无从谈起。所以，教育质量犹如维护学校生存和发展的发动机。如果教育质量发生问题，轻则损害学校的形象，减慢学校发展的速度；重则会使学校停滞发展，在学校与学校之间的竞争中被淘汰出局。由此可见，教育质量对学校发展十分重要。教育质量是学校赖以生存和发展的基础，是学校提升竞争力、走向卓越的根本依靠。

如果将学校教育看成一个服务过程，那么教育质量便可以被看作一种服务质量。与其他的服务不同的是，教育不能按完全统一的标准选择学生，更没办法也不应该把所有的学生改造成预先设计好的具有统一标准的"成品"。因为教育的标准本来就是多元化的。学校教育的直接消费者是学生，但学校教育这项服务的最终消费者却不仅是学生，还包括家长、用人单位、高一级学校、社会、政府等。不同消费者对学校教育的质量标准要求并不完全一致，并且不同消费者之间对学校教育服务的作用以及与学校教育服务的紧密程度存在差异。

学校教育这项服务既不能按照完全统一的标准选择学生（原材料），又不能把学生改造成预先设计好的统一标准的"成品"。所以，教育质量最大的可控环节便是教育服务的过程。

在上述教育消费者中，教育过程通常是学生及其家长以及政府所关注的教育服务环节；对于高一级学校和用人单位而言，他们仅仅关注教育服务的结果，即毕业生身上所固有的特性能够满足其需求的程度。从技术层面讲，教育服务过程这个可控环节实际上主要是"教与学"活动的过程。而"教与学"的活动恰恰是一个复杂而又专业的过程，加之教育标准的多元化，就使得教育服务过程这个看起来可控的环节也变得不怎么可控。"教与学"的复杂性和教育目标的多元化使得教育服务过程只有其核心主体的学生和教师能够直接感知。学生由于其心智尚未成熟或者尚未完全成熟而在对教育服务过程的理性感知和需求表达方面大打折扣。

所以，教育服务过程实际在很大程度上被掌握在"教与学"的另一个核心主体——教师之手。教师一方面是直接、具体的教育服务提供者和服务学生（原材料）的加工塑造者；另一方面，还具有教师职业的专业性和教师的教学自主权。教师对教育质量的理解、教师的价值观、教师的教学态度都在很大程度上影响着教育质量。

在学校教育过程中，学生毕竟不同于工业生产中的原材料，他们是有思想、有意识的活生生的人。在"教与学"的过程中，学生具有主观能动性和自主选择性。所以，这个过程是一个双向互动的过程。一旦教师获得了学生的认可，教师的价值观便会对学生产生长远而深刻的影响。有时，教师在"教与学"活动中的一句话可能会影响学生的一生。并且，在"教与学"活动中，教师还扮演着管理人员的角色。一名教师对课堂的把握和管理也会对教育服务的整体质量产生较大影响。比如，教师对课堂的管理方式、方法如果较为科学，则整个班级的学习成绩就会偏高；而教师对课堂教学资源的分配则会对学生享受教育服务的公平性产生重要影响。

无论如何，教育质量的高低更多地取决于教师的整体素质、价值观和行动。所以，教师是学校教育质量的根基。教育质量最重要的影响因素是教师素质、工作态度、教师发展以及教师资源配置。其中，教师发展是根本性的影响因素。

第二节　高校教师管理的要素

一、管理系统

管理是由一个或更多的人来协调他人活动，以便得到个人单独活动所不能达到的效果而进行的各种活动。对于管理的实质，可以说是仁者见仁、智者见智。从管理论的发展轨迹看，以下几种观点具有一定的代表性。

（一）管理就是一种职能的运转

这一观点主要研究工作的管理和组织的管理，强调管理人员职能的发挥，通过有效的管理来提高效率。因此这种观点是从管理人员的职能方面给管理下的定义。古典管理学派持这种观点。

（二）管理就是一种用人的技巧

这一观点的理论基础是管理必须"通过别人来做工作"。这一理论将"人"作为研究的着眼点，而不是工作或者生产指标，如何用好"人"是这一理论研究的核心。行为科学学派持这种观点。

（三）管理是一种系统的优化

系统理论认为，任何一个组织（管理对象）都是一个系统，它本身包含着很多的子系统，同时又包括于更大的系统之中。要实现对组织的有效管理，就需要使组织内外的各种要素得到优化，从而高效地实现组织的整体目标。系统科学学派持这种观点。

（四）管理就是一种决策的制定

"管理就是决策"，这种观点认为，每个企业的外部环境都是极其复杂的，而且时刻处在变化之中，企业经营的成败不完全取决于作业效率，而是取决于投资、计划、销售等各个方面的决策。如果决策失误，那么一切管理活动也就失去了意义。决策理论学派持这种观点。

不同的人，处于不同的时代，站在不同的角度，形成了对管理的不同看法。但有几点是共同的：管理起源于人类的协作劳动，管理是对人的管理，管理是对组织内诸要素的优化组合。管理就是管理人员根据一定社会需要所确定的原则，运用各种管理手段，通过组织、指挥、协调和控制各个分工制约的不同个人的活动，创造一种远比个人活动力量总和要大的集体或社会力量，以便高效率地达成一个组织或社会预定目标进行的各种一般职能活动。

二、高校教师

我们通常把在高校工作的人都称为"大学教师"，但这个定义太宽泛，也不精确。因为在高等学校工作的人包括许多部分，如行政管理人员、教学人员、研究人员、后勤人员等。这其中只有教学人员和研究人员才是教师。

广义上包括全职教师（即专任教师）和兼职教师。学校行政人员和服务人员不在此列。狭义而言，教师（faculty）仅指终身聘任的全职教学人员。

教师是履行教育教学职责的专业人员，承担教书育人、培养社会主义事业建设者和接班人、提高民族素质的使命。高等学校的教师，不仅承担培养人才的任务，而且还对国家科学技术水平和社会主义物质文明、精神文明建设产生重要影响。

三、管理要素

（一）目标与价值

教育的一个重大特点就是不可重复性。工人生产的废品可以报废，农民栽种的树苗果苗，如果出现问题还可以重栽，而教育一旦出现"劣质产品"，不仅不可以"回炉"重新生产，而且还会给社会带来极大的危害。高校教师的整个劳动过程都是人相互作用的过程，即劳动对象、劳动工具和劳动"产品"都是人，而高校教师面对的又是具有一定科学文化知识、具有一定生活经验、具有一定独立思考能力的成年人，不同的学生具有不同的生活经历、个性特征，生理和心理上都存在极大差异。这就给高校教师劳动带来一定的复杂性，要求高校教师既要按照学校统一培养方案教育学生，又要做到因材施教。总之，教师的劳动过程不是简单地再生产物质产品，而是一种极其复杂的"精神生产"，是培养具有独立意义、具有主观能动性的人。

针对高校教师的管理激励机制正是依据这种教师教育的劳动成果而实施制定的。高校教师的管理最终目标也是能够发挥高校育才的极大作用价值。

（二）组织结构

随着中国高校的快速发展，高校教师队伍呈现多层次化，不同岗位、不同职位、不同级别的教师差别比较显著，不能采取统一的模式进行激励与管理。随着高校的快速发展，高校对师资的引进更加多样化，师资结构呈现多层次化趋势。在教师管理上，不分教师的岗位、职位、级别采用一套考核标准来评价所有教师。有的即使分了层次，在实际操作中仍然偏重高层次人才，或只抓两头，忽视中间层次的考核激励，仍然无法达到管理的目的。

因此，管理激励体制的结构必须达到科学适应性。科学高效的激励管理机制应该能平衡各方面的利益关系，激励对象不同采取的激励方式也各异，相互协调配合，从而实现全方位、多层次的高校教师激励管理机制。

（三）管理分系统

成功取决于系统。一个组织要实现自己的目标，必须建立一套以目标为导向、以制度作保证、以文化为灵魂的组织系统，所以管理人员的一个重要任务就是建立一个高效的、运行良好的系统。要建立高效的、运行良好的高校教师精细化管理系统，首先，要确立高校的整体管理目标，使各学院的目标与学校整体目标相一致，这样才能充分发挥各学院的潜能，保证学校整体目标的实现。其次，要将各项管理措施、管理程序等以规章制度的形式确立下来，这样才能有章可循，保证管理高效、有序地进行。最后，将各项管理制度发展为一种管理文化，内化到每个教师的心中，使每位教师都会自觉维护这个系统，遵守各项制度。

高校通过聘任、使用、培育等一系列过程合理配置教师资源。管理分系统是高校教师管理要素的重要构成部分，起到调控和制约管理工作整体运行的作用。然而当前高校教师管理还存在招聘渠道单一，培训管理不到位，督导管理缺乏，考评体系不合理及激励机制不完善等现状。因此，学校教务、人事等相关部门在对教师的管理过程中，需要形成多方职能主体联动机制，进而对教师工作全流程进行管理，同时关注教师自身的发展，充分发挥其创造才能和创新精神。

（四）管理技术

由于高校教师面对的学生的复杂性和多样性，高校的教育教学活动就没有固定的模式和程序可套用，"教有法而无定法"，这就需要教师用创造的教育观念和教学手段来塑造每个学生。要根据不同专业的要求，不断更新理论知识、不断改进教学手段和教学方法，从而取得理想的教学效果，培养出适应时代和发展的新一代。高校教师从事的是学术性脑力劳动，其劳动的创造性不仅体现在教学上，还体现在科研活动中。大学的三大职能：教学、科研和社会服务。科研作为大学三大职能之一，是高校教师工作的重要内容，这决定了高校教师要在本学科领域进行科学研究，并有自己的研究成果和成绩，工作具有创造性。而科学研究就需要有创新精神和创造性思维，发挥自由思想，这就需要比较宽松的环境，不应受到过分的约束。因此高校教师劳动具有创造性。

高校教师的劳动对象主要是学生，而培养人需要一个漫长的时期，所谓"十年树木，百年树人"，高校教师劳动成果是无法很快物化的"精神产品"，这决定了高校教师劳动成果的显现需要一段较长的时间。同时，高校教师所从事的科学研究也需要较长的时间才能完成，而且要将科研成果转化为生产力也需要一个过程，因此，对高校教师进行考核评价时要充分考虑高校教师劳动成果的滞后性。

因此，针对高校教师的管理不能盲目粗暴地进行，奖励机制也不能笼统地不加区分地开展。应用于高校教师管理的技术方法更应当具有实践性、科学性，深入探索高校教师管理的研究分析，形成健康循环的管理激励体制才能推进我国高校的全面发展。

第三节　高校教师管理制度与教师发展

一、教师薪酬制度与教师发展

在马斯洛需要层次理论中，教师同其他从业者在需要层次的分布方面存在差异，其更加看重诸如尊重需要和自我实现需要等高层次需要，但是作为现代社会之中生存和生活的人，他们同样具有经济人的一面，同样有着最基本的生理需要。教师只有解决了物质需要的后顾之忧后，才能够有更多的精力去追求那些高层次的需要，才能够努力实现自我发展，更进一步推动学校发展和教育质量提升。教师薪酬是教师基本物质需要得到满足的前提条件，同时也是激励教师发展的重要手段。

（一）相关概念

1. 教师薪酬

所谓教师薪酬是指教师因为工作劳动而获得的以工资、奖金以及实物形式支付的劳动回报，有时也被称作教师劳动报酬。它是国家或者学校基于教师的劳动而给予教师个体的一种经济性酬劳，其设计和管理与教师劳动的特点密切相关。

2. 教师薪酬管理

教师薪酬管理的概念有广义和狭义之分。广义的教师薪酬管理指的是教师人力资源管理的一项重要职能，涉及教师的工资、奖金、津贴、福利、服务等经济性劳动报酬分配的各个方面，包括教师薪酬水平、教师薪酬体系、教师薪酬结构、教师薪酬形式等内容，还包括教师薪酬计划的拟定、薪酬管理政策的制定等整个教师薪酬管理过程。狭义的教师薪酬管理则是指教师薪酬制度建立后的操作实施，包括教师薪酬分配的计划、组织、协调、沟通、评价等实际管理和控制工作。

（二）教师薪酬的表现形式

教师薪酬存在着多种表现形式，通常主要包括工资、奖金、津贴和福利等基本形式。不同形式的薪酬代表着不同的管理理念，不同形式的薪酬在总体薪酬中所占的比例隐含着特定的教师管理价值取向。它们对教师个体的工作行为会产生不同的影响。

1. 工资

工资是教师薪酬中的主要组成部分，是指国家或者学校对教师所承担的工作定期支付固定数额的金钱形式的报酬。工资通常对其他可变薪酬的设定有着重要的影响。工资是教师薪酬中最容易被接受的部分，因为对于教师个体而言，工资是薪酬中最稳定的部分，能够给教师的物质生活带来最稳定的保障；对于学校而言，工资是最容易计算和进行成本控制的教师薪酬部分。虽然教师薪酬的工资形式是许多教师和学校管理人员乐于接受的形式，但是仅以工资作为教师薪酬的做法也受到了来自各方的批评。并且工资通常与教师的努力程度、劳动成果没有直接的关系，很难对教师的工作起到激励作用。

2. 奖金

奖金属于可变薪酬的范畴，具有很强的激励性。教师薪酬中的奖金是指对教师工作中的超额劳动或者高于平均劳动质量的部分给予一定金钱形式的奖励。奖金与教师的工作绩效直接相关。当教师的工作绩效发生变化时，奖金的数量就发生变化。因此，奖金是教师薪酬中一种典型的按劳分配形式。由于奖金通常具有灵活性、及时性以及荣誉性，所以，如果奖金形式的教师薪酬运用得适当可以在很大程度上刺激教师的工作行为，促进教师积极主动发展自我。

3. 津贴

津贴也是当前许多国家教师薪酬的一种重要形式，具有调节教师工作地域、条件等和激励教师工作的作用。它主要是指补偿教师在特殊工作条件下的劳动消耗及生活费额外支出的教师薪酬补充形式。当前，我国教师薪酬中的津贴常见的有区域津贴、生活津贴、职务津贴及职称津贴。区域津贴通常是指被发放给那些艰苦地区、边远地区以及欠发达的农村职教人员的津贴，旨在鼓励教师到上述地区去从事教育工作。生活津贴主要是为了补偿教师某些额外的生活费用支出而设立的津贴，比较常见的是寒暑津贴和物价补贴。职务津贴和职称津贴通常是对担任相应职务、职称的教师，因现工资低于职务、职称最佳等级而给予的补贴。

4. 福利

福利也被称为边缘薪酬，是为了维护教职员工的身心健康和生活安定而在工资之外给予的各种补助和优惠，属于学校组织整体性报酬中的"免费赠送"部分。它可以是金钱形式的也可以是物质形式的，还可以是其他形式的，比如保险性福利、抚恤性福利、教育培训的福利以及带薪休假的福利等。教师享有带薪休寒暑假的权利，还有一些学校给教师提供午餐费、交通补助、建立免费或者半收费的托儿所、俱乐部，等等。这些都属于福利的范畴。

（三）教师薪酬设计的理论依据与原则

教师薪酬的设计与教师劳动的特殊性密切相关。

1. 教师劳动的特殊性

（1）教师的劳动对象和任务具有复杂性

教师的劳动对象主要是品质、性格、天赋、预备知识水平都存在差异的学生。教师在其劳动过程中需要根据不同学生的水平合理分配教育资源和采取不同的教育方式方法，因材施教。教师劳动任务的复杂性还表现在教师在"教与学"活动的过程中要对学生进行全方面引导，让学生在德智体美劳各方面得到全面发展。

（2）教师的劳动还具有表率性

教师应做到为人师表。为人师表不仅体现在正常的"教与学"活动之中，还体现在教师平时生活之中的一言一行。从为人师表要求的角度讲，教师时刻处于工作状态之中。

（3）教师的部分劳动具有隐匿性和灵活性

教师的部分劳动具有的隐匿性和灵活性决定了教师的劳动很难被精确计量。教师除了要完成正常的课时工作量之外，还要对学生进行作业批改、课外辅导，对个别学生进行额外教育、业务自修等工作。

（4）教师的劳动在时间和空间方面都具有灵活性

通常情况下，很难通过教师在办公室和教室的时间来确定教师工作的勤奋程度。教师不在办公室或者教室并不能代表教师没有处在工作状态。在正常的办公时间和办公场所之外，教师还需要对学生进行家访、思想沟通等，甚至有时教师在散步的时候脑子里也在思考关于教育教学、科研等与工作相关的问题，并且此时的思考效果对于工作的帮助未必就小于在办公室或者实验室冥思苦想。教师劳动的特殊性决定了教师薪酬的确定需要综合运用不同的薪酬理论和原则。

2. 教师薪酬设计的理论依据

英国经济学家阿尔弗雷德·马歇尔（Alfred Marshall）在他的《经济学原理》一书中最早提出了供求均衡工资理论。该理论认为，劳动力的供给和需求之间的关系决定了工资水平和各职业、行业以及厂商的雇用人数；劳动的边际生产率决定了劳动力的需求价格，劳动者的生活费用决定了劳动力的供给价格；工资的均衡水平就是劳动力供给价格曲线和需求价格曲线的交点。供求均衡工资理论可以用于确定教师薪酬中的工资部分。

效率工资理论通常将较高的工资解释为组织为防止员工偷懒而采取的激励办法。其基本观点是"支付高于市场工资率或者平均工资有助于激发员工的工作热情，从而使组织实现更高的效率"。效率工资理论认为实行效率工资一方面能够激励员工更加努力地提高工作水平和工作业绩，另一方面能够起到分选作用，吸引更加优秀的员工。效率工资理论可以在一定程度上用于确定教师薪酬中的奖金和福利部分。

补偿性工资理论最初由英国经济学家亚当·斯密（Adam Smith）提出。亚当·斯密认为，在做出工作决策之前，人们应该对该职位的有利因素和不利因素进行全面的考虑，然后选择出"净收益"最大的职位。基于这种认识，亚当·斯密提出在工资以外，公司应给予从业人员一些净收益性质的补偿，例如，应该基于工作的舒适程度、学习工作技能的难度和费用、责任、成功可能性等给予相应的收入补偿。换言之，如果工作舒适程度低、学习工作技能的难度和费用高、工作的责任大、保障程度低、失败的风险大，公司则应当给予从业人员必需的补偿。教师职业明显具有难度大、费用高、工作责任性要求高等特点。补偿性工资理论可以用于确定教师薪酬中的津贴部分。

3. 教师薪酬设计的原则

教师薪酬设计应当遵循公平原则、竞争原则和经济原则等几项基本的原则。只有上述几项原则在教师薪酬体系中得到了充分体现，才能够真正地激励教师发展，最终促进学校发展。

（1）教师薪酬设计应当遵循公平原则

公平原则是教师薪酬设计需要遵循的首要原则。它要求教师薪酬设计要体现内部和外部两个一致性。所谓教师薪酬的内部一致性是指教师的薪酬在本行业之中相同的付出要得到大致均等的回报。所谓教师薪酬的外部一致性是指教师同外部其他行业在劳动能力要求和劳动付出大致相当的情况下，其薪酬应当大致相当。教师经济人的一面驱使其必然在薪酬方面考虑投入和产出的比率来确认劳动的公平感。无论是教师薪酬内部不一致还是外部不一致都有可能导致教师降低其对薪酬的认同感和公平感。无论何种行业，一旦员工对于薪酬的认同感和公平感缺失就极可能会影响到工作热情和对本职业的归属感，降低工作积极性。因此，教师薪酬的总体水平设计应当了解教师行业和本地区其他行业的薪酬水平，确保教师薪酬总体水平不低于本地区薪酬水平的平均水平。并且，教师薪酬的总体水平设计按照供求均衡工资理论还需要考虑市场供求关系。一旦大量优秀教师流失将会严重影响到学校的教育质量，影响学校甚至整个教育事业的发展。学校内部教师工资的不一致同样会削弱教师对薪酬的公平感，从而影响教师的工作积极性，造成怠工现象，最终影响学校的长远发展。

总之，教师薪酬设计的公平原则要求体现教师薪酬的内外部公平性，使薪酬的分配公平和程序公平得以实现。

（2）教师薪酬设计应当遵循竞争原则

学校要想留住优秀的教师和激励教师发展就必须在设计薪酬时考虑引入竞争机制，而不是考虑平均主义。教师薪酬设计的竞争原则实际上是其公平原则的延伸。公平不仅指横向的基本公平，还指纵向的效率公平，绝对的平均并不等于公平。

竞争原则旨在刺激教师努力提升工作能力和工作绩效。竞争原则中的部分内容属于内部公平的延伸。在一个学校内部，如果教师的薪酬都处于平均水平，则几乎不会刺激教师的工作行为，所有的教师都将只安于现状，按部就班地进行工作。如此一来，学校仅能保持其基本的运转，对于学校发展和教育质量提高而言没有多少的正向激励作用。假如将教师也看成完全的经济人，教师只有将其投入保持在平均水平才能保证自己的投入和产出基本持平。投入过多则导致投入和产出的比率偏高，似乎是做了"亏本买卖"；投入过低则容易受到领导的批评和别人的指责。

竞争原则中还有一部分内容属于外部公平的延伸。效率工资理论认为支付高于市场平均水平的薪酬有利于激发员工的工作积极性。一个教育质量在同行业保持领先的学校，可能会将内部的薪酬水平定位在市场的较高水平。这样该学校在寻求优秀教师时，容易由于较高的薪酬水平而吸引到优秀教师，从而保持或者进一步加大其对优秀教师的吸引力。

（3）教师薪酬设计应当遵循经济原则

所谓经济原则是指用尽可能少的支出达到目的的原则。学校在提高教师的薪酬水平以吸引优秀教师的同时，必然也会给学校带来更多的成本支出。教师薪酬水平的提高也符合边际收益递减规律，即当教师的薪酬标准达到一定的水平之后，增加的薪酬对教师工作绩效、教师发展及学校发展的贡献程度会呈现递减的趋势。因此，教师薪酬水平应当被控制在合理的区间之内，而非越高越好。教师薪酬设计应当考虑到薪酬的投入产出效益，即对教师投入工作和发展的激励作用。教师薪酬水平的最佳状态是教师薪酬的边际收益等于边际成本的状态。这种最优状态在教师薪酬设计的实践中很难达到。在现实中，学校只要确保以较低的成本保持教师薪酬在人才市场的竞争力和教师较高的薪酬满意度即可。

（四）教师薪酬对教师管理和教师发展的作用

1. 教师薪酬对教师发展的保障作用

从本质上讲，教师薪酬是教师的劳动力作为生产要素的价格形式，是提供劳动力生产要素的教师与其消费者在市场上达成的供求契约中，消费者由于使用了教师的劳动力生产要素对教师的劳动付出进行的一种补偿。

对于教师而言，获得的薪酬为他们提供了维持自身基本物质生活需求的基础，同时也为他们提供了学习提高、养育子女、赡养老人等方面的基本物质保障，补偿了他们在工作中所消耗的脑力与体力付出，从而使他们能够继续和更积极地投入工作中去。

2. 教师薪酬对教师管理和发展的信号作用

教师薪酬的形式、结构、水平等实际上也表示一定含义的信号。这些信号隐含了教师管理的理念，能够对教师管理和发展起到一定的作用。

（1）教师薪酬对教师管理和发展具有表征作用

一方面，教师薪酬总体水平的信号反映了社会对于教育行业和教师职业的价值认可度，教师薪酬总体水平越高，就表示社会对教育行业及教师职业的价值认可度越高，教师社会地位也就越高；另一方面，在教育行业内部，某个教师的薪酬水平也反映了教师个体在行业内部的价值认可度和层次。

（2）教师薪酬对教师管理和发展还具有引导作用

教师薪酬具有的表征作用顺理成章地促成了其引导作用的生成。

从宏观角度讲，教师薪酬所表征的社会地位和社会价值认可度可以引导社会劳动力在教育行业和其他行业之间的流动。如果教师薪酬所表征的社会地位和社会价值认可度高于社会平均水平，就能够引导其他行业的优秀人才转到教育行业从事教师工作。

从微观角度讲，教师薪酬在教育行业内部的高低水平所表征的教师个体在行业内的价值认可度和层次，以及教师薪酬结构所隐含的管理理念共同为教师指明努力和发展的方向。比如，如果一所学校非常重视科研，那么该学校可能会在教师薪酬结构上体现出对科研的高度奖励。如此，教师便会努力提高科研能力；如果一所学校非常重视教育质量的提高，该学校则可能会在薪酬结构上体现为对教学质量的奖励比重较大。如此，教师便会努力提高教育教学技能，以提高教育质量。

3. 教师薪酬对教师发展的激励作用

薪酬不仅对教师具有稳定和保障作用，还对教师工作积极性的发挥具有刺激作用。激励作用是教师薪酬的重要作用之一。因为激励本身就是管理的一种重要手段和方式。当教师薪酬设计中引入了竞争性要素时，薪酬对教师发展的激励作用将变得更加明显。因为在引入了竞争性要素之后，薪酬不仅是一种经济刺激，还表征了教师自我成就和自我发展的实现程度。对于教师群体而言，自我成就和自我发展的刺激对工作的激励作用丝毫不弱于经济刺激。因此，需要层次理论的提出者马斯洛也曾明确提倡学校组织应该提供能够满足教师最高层次需要的条件。因为追求自我实现的学生、教师、管理人员是最好的实践者。教师对自我成就和自我发展的追求永无止境。这意味着它们可以持久地激励教师不断发展自我。

二、教师人事管理制度与教师发展

教师人事管理是教师管理的重要内容。良好的教师人事管理制度和文化对教师发展起着重要的正向作用，而不合时宜的教师人事管理制度则会阻碍教师发展。

（一）教师的聘任制度

1. 教师的任用资格

教育质量的高低在很大程度上取决于教师素质的高低。因此，许多国家都通过法律法规等形式明确规定了教师的任职资格以保证教学的质量。

2. 教师的任用方式

不同国家和同一国家的不同历史阶段对教师的任用方式由于教育发展水平和教育行政体制的差异而有所不同。我国在对教育事业实行集中统一教育行政体制的时期曾采取过由上级教育行政部门和组织人事部门按照计划向学校委派教师的派任制。改革开放之后，派任制的教师任用方式逐渐被淘汰，转而采用聘任制的方式。

3. 教师的任用流程

教师的任用流程由于学校的层级不同而存在一定的区别。我国高等学校教师的任用流程与其他学校教师的任用流程具有较大差别。相对而言，高等学校由于其教师专业性更强而在教师的任用方面具有更大的自主权。

（二）教师的培训制度

参加培训既是教师的一项基本权利又是教师的一项基本义务，是教师人事管理的一项重要内容。教师的考核是指学校和其他教育机构根据国家制定的教师职务任职条件和职责，运用定性和定量相结合的方法对教师的工作进行定期或者不定期的考察与评价。这也是教师人事管理的一项重要内容。

教师的培训包括脱产培训和在职培训两种，此处主要是指在职培训。所谓教师在职培训是指对已经在岗的教师在不脱离岗位工作的条件下进行有组织、有计划的再培养，其要旨在于满足在职教师的自身发展需要，提高教师的专业知识和技能以及端正其教学态度。

比较常见的教师培训形式有讲授式培训、自学式培训、参观考察式培训、专题研究式培训、集体讨论式培训等。各种教师培训的形式涉及的内容十分丰富，以实际需要为导向，归纳起来大致包括教师教学、班级管理、师德教育、考试与考试评价、教学技能等方面。

教师的培训需求来自内外两个方面。一方面，社会发展、教育事业的发展以及教育工作本身对教师提出不断提升工作能力的要求。它通常表现为培训部门对教师提出的培训要求。这种教育培训需求可以被称为外部培训需求。另一方面，教师面对外部环境的变化会有一种提升自己以实现自我和发展自我的渴求，从而形成一种对自身教育教学能力提升的内驱力。它通常表现为教师自己提出接受培训的要求。这种教育培训需求可以被称为内部培训需求。

（三）教师人事管理制度对教师发展的作用

无论是教师的任用、教师的培训还是教师的考核都对教师发展乃至整个教育事业发展具有重要的意义和作用。教师人事管理制度对教师发展的正向作用主要表现在保持和提升教师的专业化程度、监督和促进教师自我发展、维持教师发展秩序三个方面。

1. 保持和提升教师的专业化程度

教师的专业化程度低的问题一直是教师教育所要解决的重大问题。相比于医生、律师的职业，教师职业的专业化程度明显较低。因此，提升教师的专业化程度是教师发展的重要内容和目标。

教师培训可以在很大程度上提升教师的专业化程度。教师专业化主要是指教师能够掌握其所教学科的专门知识和技能体系、系统的教育教学知识和技能；树立高尚的职业道德观；具有自我学习和自我提升的意识和能力等。教师专业化是一个发展的概念，是一个植根于特定社会发展阶段的概念。教师专业化往往随着社会的发展、科学技术的发展而不断提高其基本标准。也就是说，当前既定的学科专门知识和技能、教育教学知识和技能、职业道德、自我学习和自我提升的意识和能力等水平被认为是达到了专业化的要求，但这个水平在将来便会被认为是没有达到专业化的要求。那么，如何才能保持和提升教师的专业化程度？唯有通过不间断的教师培训和教师的自我学习才能够不断更新教师专业化的各个构成

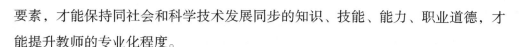

要素，才能保持同社会和科学技术发展同步的知识、技能、能力、职业道德，才能提升教师的专业化程度。

2. 监督和促进教师自我发展

教师发展的需求来自内外两个方面，但最终需要通过教师自己的实际行动才能得以实现。教师虽有实现自我发展的内在需求，但并非每个人都能够自觉地付诸行动。因此，完全依靠自觉的教师自我发展是不现实也是不应该的，还需要外部的制约和监督机制发挥作用，内外联动，双管齐下。其中，教师薪酬、教师考核的制度及日常管理安排就能够对教师自我发展起到较大的外部刺激、引导和监督作用。

世界各国对教师的考核内容及考核方式各有不同，但基本都会将考核结果和教师的聘任、晋级、晋职、评优、薪酬等联系起来。教师如果不能够持续不断地自我学习和自我提高，其考核结果必然不理想，那么随之而来的晋级、晋职、评优、薪酬都会受到很大影响。在严重的情况下，教师甚至会被解聘或者开除。在通常情况下，如果教师在工作中由于个人工作能力不足或者工作态度差等原因导致出现差错，由学校或者政府其他部门给予其一定的惩罚，对于违反法律者，还将追究其法律责任。因此，教师管理对教师过错、过失的惩罚制度会对教师形成一种潜在的威慑力，促使教师不断地自我发展。

教师管理制度实际上既对教师的自我发展提供了一种激励，又提供了一种可能的惩罚。相关心理学研究表明，激励会通过对教师自我发展行为提供一种强化刺激从而增强教师的自我发展行为；而惩罚则会通过对教师自我发展的懈怠行为产生一定的抑制作用，从而减少教师自我发展的懈怠行为。

总之，学校组织的管理制度能通过激励和惩罚来强化和抑制教师某种行为来达到监督和促进教师自我发展的目的。

3. 维持教师发展秩序

教师发展行为不仅是教师的个人行为，还包括教师的团体行为。只有教师团体发展了，教育质量才能够得以真正提高，从而形成一种良好的教师发展秩序。教师发展秩序的形成可以依靠教师个体的自觉，更重要的是形成良好的、规范的教师管理制度。没有秩序的教师发展注定是混乱和失败的。

管理具有一定的权威性和强制性。通过良好的、规范的教师管理制度，教育行政部门和学校能够形成有重点的、分层次的和有针对性的教师发展计划，科学合理地分配教师，促进教师的团队发展和相互发展。无论是整个国家还是一所具体的学校，其有利于教师发展的资源都是有限和相对稀缺的，因此，不可能也不应该让所有的教师按照统一标准以齐步走的形式发展。

第四节　高校教师管理创新与发展的策略

一、树立"以人为本"的教师管理理念

"以人为本"不是一句口号，要真正落到实处。高等教育教学是根本，教学中教师是核心。在高校的教师管理中，要牢固树立以人为中心的现代管理新理念，追求教师资源管理的人本性，提升教师的归属感，同时将教师资源开发提升到第一的位置，使高校的人事工作能着眼于人力资源的开发，致力于人才的合理、充分利用；加强管理人员现代管理理论的培训，积极吸收管理学领域最新的科学研究成果，并将其运用到高校师资资源管理的实际中来，做到人力资源管理方法的科学化、规范化、民主化以及管理体制的合法化和规范化，营造尊师重教的良好氛围，始终坚持尊重教师的意愿，了解教师的需求，最大限度地激发教师的积极性和创造性，使教师的潜能得到最大限度地发挥，实现高校教师管理过程中理性管理和人性化管理的有机结合。要将管理职能转化为服务职能，为教师提供良好的发展空间，为教师解决后顾之忧，营造科学的发展平台，提升教师对学校的满意度，实现教师满意与学校可持续健康发展的最佳结合。

人本管理最重要的一点就是宽容。其有两方面的含义：一是对待教师要宽容。要细心发掘教师的优点，同时要尊重教师个人的尊严、自我价值和个人的需

要，要宽容对待教师在性格方面的特性，要经常了解教师对学校工作的意见，让教师参与到学校重大制度与改革措施的制定中来。二是对待教师的学术观点要宽容。学校特别是各学科的学术带头人要能够容忍甚至是提倡多种学术观点的并存，对个别教师提出的特异性观点不能直接予以否认，要营造高校"百花齐放、百家争鸣"的宽松的学术氛围。当然，宽容不是放纵，高校教师资源管理需要有效的规章制度来规范教师行为。在负强化的基础上，更应该利用正强化效应，帮助教师尤其是青年教师制定适合自身的发展目标，并在教师目标的实现过程中实施有效的激励，使教师实现自我再造，充分发掘自身潜能，为教师向更高层次发展和更高价值的自我实现提供可能。

教师资源的管理应尽可能地由学院来进行，学校层面应主要负责宏观的督导与引导，其原因主要有以下 3 个方面。

第一，教师的管理权过分集中到学校手中，在很大程度上造成了教师和学校的对立。教师对学校的管理措施产生抵触思想，学校科层制的组织结构使学校的管理措施在实施过程中效率较低，是造成学校行政失灵的主要因素。按照治理理论的观点，对人力资源的管理应调动全方位的力量，特别要发挥学院在教师资源管理中的作用。

第二，学院是学校学科建设和发展的主要承担者。了解学科建设中对教师资源的需求，并根据发展目标进行有针对性的管理是现代人力资源管理理论的应有之义。

第三，学院更了解教师在个人发展中的需求，在管理中更能体现对教师的人文关怀。

二、建立并完善高校教师管理指挥系统

（一）高校教师管理指挥系统的建立

教师管理指挥系统的功能在于连接领导者与被领导者之间的关系。通过一定的管理措施、良好的沟通以及领导者的组织等，可以有效激励被领导者为完成管理目标而努力。因此，教师管理指挥系统一般包含以下四个方面的内容。

1. 人员系统

人是指挥系统的主体，离开了人就谈不上人与人之间的关系，也就谈不上指挥与领导。指挥系统中的人员包括指挥人员和被指挥人员，他们处于不同的身份，需要完成不同的职责。这是由组织系统中的职务结构所决定的。

指挥人员借助组织赋予的权力行使其指挥的职责，并采用一定的手段，促使被指挥人员完成指挥人员认为必须完成的任务（指令），而被指挥人员则接受指挥人员的指令、执行和完成任务。当然，被指挥人员不是被动地接受指挥人员下达的任务，然后消极地完成任务。一个完善的人员系统应该充分发挥被指挥人员在指挥系统中的重要作用。

在教师管理的指挥系统中，管理人员中处于指挥人员位置的，通常被称为领导者。领导者根据目标的要求和工作的经验，提出某一阶段的任务及其完成办法。但是，领导者对目标的理解也不一定是完全正确的，其精力也不可能永远充沛，其所下达的某项任务与整体目标发生偏差的事是不可避免的。这时候就需要被指挥人员深入思考、提出问题，并及时解决问题，以保证整体目标的实现。当然，在一般情况下，这种调整需要得到指挥人员的首肯。这样才能保证指挥系统的协调运行。教师管理指挥系统更需要这种协调。

2. 信息系统

除了人员系统之外，一个指挥系统必不可少的是人与人之间的信息沟通。这些信息包括指挥系统内部的，如指挥人员下达的任务等；也包括指挥系统外部与内部交换的信息，主要为环境信息。指挥人员不仅需要了解组织内部及组织对象的一般信息，被指挥人员处理信息的能力，组织对象的行为表现等内容，更重要的是指挥人员应善于发现环境信息，为决策提供基本素材。新的社会形势给高校教师队伍建设带来了巨大的挑战，因此，指挥人员根据对环境信息和组织内部信息的综合分析，及时做出调整决策，对于稳定教师队伍、提高教师队伍基本素质、激发教师工作的热情是十分必要的。

3. 制度系统

在一个指挥系统内，指挥人员不可能事事都照顾到，事事都亲自做出决策。

一些常规性的管理活动有时并不需要由指挥人员发布任务。事实上，建立完善的管理制度系统是指挥人员直接进行指挥的一个重要形式。对于一些常规性教师管理的内容，通过一定的制度形式来规定管理的具体办法，也是指挥系统必不可少的重要内容。我们知道，人的精力是有限的，所以指挥人员更应该将有限的精力用到处理大事上去。对于一般的管理问题，指挥人员可以通过下放指挥权的办法，让被指挥人员来解决；但更重要的，是用制度的形式使任务规范化，增强制度的严肃性和权威性，以达到被指挥人员接受指挥人员间接指令的目的，从而使指挥系统更有效地发挥作用。这样做，既可以提高指挥系统的效率，又可以保证指挥系统不因一些人为的因素而失去效力。实际上，如果每一项管理活动都由指挥人员直接指挥才能产生效力，那么管理本身的效率是十分低下的，是不可能适应现代管理的基本要求的。所以现代高校教师管理指挥系统需要建立制度系统。

4. 控制系统

由于领导者不可能永远正确，那么领导者所发出的指令也就有可能偏离教师管理的目标。特别是当某些管理指令被制度固定以后，管理系统在运行的过程中，或者由于管理人员对制度的理解存在偏差，或者由于制度本身不适用于新的形势而造成管理上的失误，进而导致管理指挥系统失效。因此，管理指挥系统本身应该具有自我控制的功能。这项功能是由其控制系统来实现的。就高校教师管理系统来说，一般作为控制系统的可以是教师管理委员会等部门机构。这一系统就教师管理过程中所出现的指挥失误或执行失误加以调整和纠正，以保证管理行为不偏离应达到的教师管理的整体目标的轨道。

以上系统组成了教师管理指挥系统，缺一不可。人员系统是教师管理指挥系统的主体，是处理管理信息制度的制定者和执行者；而信息系统为指挥系统提供中介，保证了指挥系统的有效运行；制度系统是指挥系统概念的延伸，可以保证指挥系统的高效率运转；控制系统则是指挥系统不偏离整体目标的重要保障。

（二）高校教师管理指挥系统的完善

建立教师管理指挥系统是教师管理组织建设的重要内容。而教师管理指挥系统的维护和进一步完善则是指挥系统发挥效力的必然要求。任何系统都有其建立和维护的过程，系统的维护往往比系统的建立更为重要和复杂。事物总处于变化发展之中。这种变化发展不仅体现在物质生产、经济活动领域，也体现在教师管理指挥系统中。因此，教师管理指挥系统应该能充分适应这种变化。不仅要通过自身的控制系统来适应变化，更重要的是要在控制系统控制的范围之外完善指挥系统。下面两方面主要分析人员系统和制度系统的完善。

1. 人员系统的完善

教师管理指挥系统是以人为主体的系统。人员系统是教师管理指挥系统中最重要的系统之一，其完善程度关系到指挥系统的运行状况。

（1）人员素质的提高

要完善人员系统，首先要提高人员素质。人员素质的提高包括两个方面的内容：一是指挥人员素质的提高；二是被指挥人员素质的提高。

指挥人员素质的提高主要指政策水平、领导能力和领导艺术的提高，特别是决策能力的提高。同时，指挥人员还应该具备掌握管理内容、管理信息的能力，要善于处理突发事件，要善于用人并能掌握激发人的积极性的能力。因为教师通常是较高层次的优秀人才，所以管理人员要想做好管理工作就必须具备更高的管理能力和基本素质，特别是指挥人员的领导素质。

被指挥人员素质的提高是完善人员系统的重要内容。一切管理活动都是通过被指挥人员才得以实施的。被指挥人员通常是指教师管理组织中的一般管理人员，其素质的提高主要包括：管理学科知识的增长，对教师心理素质、行为特征理解能力的训练，教师管理的特殊方法训练等。

（2）人事协调

一个有效的指挥系统需要有一支高效的指挥队伍。在一个高效的指挥队伍中，组织中人与人之间的协调关系是十分重要的。要想实现人事协调，指挥队伍中的每个成员就必须具有共同一致的管理意识，这样就可以创设相互合作的群体环境，形成协调的群体结构。共同一致的管理意识是使管理人员向着一个共同目标努力的重要保障；相互合作的群体环境则是完成管理任务的必要条件。互相倾轧的环境不可能产生好的效果，所以组织效率优化的重要内容就是要保证群体结构协调。如老中青的结合、异质性格的结合、不同学科人员的结合等都是协调群

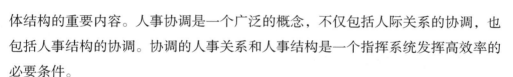

体结构的重要内容。人事协调是一个广泛的概念，不仅包括人际关系的协调，也包括人事结构的协调。协调的人事关系和人事结构是一个指挥系统发挥高效率的必要条件。

2. 制度系统的完善

制度系统在指挥系统中所起的作用不容忽视，完善制度系统和建立制度系统有着同样重要的作用。制度系统的完善包括两个方面的内容。

（1）制度系统的修正

制度系统的完善不是指制度系统的重建，而是主要指在原有系统基础上的修正。教师培养制度、教师职务评审制度、教师职务聘任制度、教师工作质量评价制度等一直在教师管理系统中起着重要的作用。在教师管理过程中，由于环境、形势、对象等的变化，管理人员应对解决问题的措施、办法及时做出调整。如在教师职务评审过程中对某个教师的突出贡献给予特定的评价。当然，修正制度系统绝不是为了否定该系统本身的严肃性和权威性，而是为了充分保证制度的连续性和长效性。管理人员对于制度系统的修正必须慎重考虑，决不能因为某个个人问题使整个制度系统出现间断，进而使制度系统失去它的公正性，否则就不可能使制度系统起到应有的作用。

（2）制度系统的自我调控

制度系统本身是严肃的。但这绝不是说制度系统是死板的。制度系统的运行恰恰需要其具有必要的灵活性。我们说制度系统一旦建立，无论是教师选任制度、教师职务评聘制度还是教师工作质量的评价制度，都应该具有稳定性和持久性。但事实上，由于人管理本身的局限性，不同的人在不同的环境下所出现的问题可能不一样。比如教师职务评审，由于每一个教师的成果、工作业绩、思想状况都不一样，所以用一个固定的衡量标准来对不同对象加以衡量比较就是一件复杂的事。再加上环境不同、学科内容不同，不同管理人员对制度的理解也不同，就会导致管理结果不合理的情况出现。这就要求制度本身具有一定的灵活性，也就是说，制度本身不仅是一种普遍适用指令，而且在对于某些特殊问题的处理上应具有相应的伸缩性。这实际上是制度系统自我调控的内容。除了指挥系统本身的修正外，制度系统自我调控也是十分重要的。这是制度系统完善的最重要的内容之一。

三、完善教师聘任制度

对高校来说，推行聘任制的主要目的是打破教师职务终身制，改变教师对学校的人身依附，克服教师在职称评聘过程中论资排辈现象。在高校聘任制的推行过程中，应做好以下几个方面的工作。

（一）科学设置岗位，下放岗位聘任权限

这其中包括两层含义：一是要根据学校的岗位总数以及各教学单位承担的教学任务情况，科学测定各单位编制；二是将岗位分成关键岗位和一般岗位。关键岗位由学校聘任，一般岗位则根据各单位编制情况，综合考虑学科发展等因素，合理地分配到各个单位，由各单位自行聘任。

（二）合理设置任期

任期设置得合理与否，将直接决定聘任制推行的成败。任期过长，则起不到聘任制应有的激励作用，使低职称者努力的动力减退，对高职称者又起不到刺激作用；任期过短，一方面增加教师担心失业的心理负担，另一方面使功利性的研究活动增加，违背了科学发展规律，不利于教师从事科研活动的独立性和基础性研究的长期进行。同时，具备条件的学校应实行低职称教师在一定年度内的非升即走制度。在聘任到期后，如果通不过专门委员会对其进行的教学效果、科研能力以及学术水平的考核，就必须离开学校，这将极大地促进年轻教师勤奋上进，不断提高专业水平和敬业精神，还将对人才的流动和学术的交流起到积极的促进作用。与此同时，我们不妨在特定的群体内尝试终身教授制，为那些对学校发展做出突出贡献，在学校的学科建设和教师梯队建设中举足轻重的，在国内外有着极高影响力的大师级学者授予终身教授，使他们能够安心从事研究工作。特别是一些科研周期长、工作量大的基础性研究，这有利于对学科内的教师梯队建设起到传、帮、带的作用。需要指出的是，终身教授制在实行过程中人数不能过多，必须坚持宁缺毋滥的原则。并且最终授予权应掌握在代表学校最高学术水平

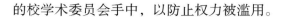

的校学术委员会手中，以防止权力被滥用。

（三）完善聘任程序

要制定规范的聘任办法，并且在办法的制定中广泛征求教师意见，让教师积极参与到聘任制度的制定中来。在聘任程序上应公开、公正、公平，坚决杜绝人为操作。对于学校关键岗位的聘任，在我国无中介审议机构或机构职能不健全的情况下，必要时要聘请国内其他高校的同行专家对申请人进行鉴定；聘任工作应面向全社会公开，考核过程和结果也都要进行公示；建立教师申诉制度，如教师对聘任结果有异议，可以到指定的申诉部门申诉，申诉部门必须受理教师的异议投诉，并在规定的时间内予以答复。

（四）要与政府职能部门一起做好聘任教师的生活保障工作

特别是在推行聘任制改革的初期，政府职能部门除了要做好未聘教师的社会保障外，学校也应在能力范围内，为教师再就业创造条件，保证教师队伍的稳定。在聘任制的推行过程中，教师身份的转变是重点也是难点，只有在改变教师对学校的人身依附，完成从"学校人"到"社会人"的转变，建立学校与教师间真正的契约关系，聘任制才有可能真正实行。

四、完善教师绩效考核评价体系，建立科学的教师工作量核算模型

（一）完善教师绩效考核评价体系

1. 设计全面的评价考核指标体系

教师评价考核内容包括政治思想（德）、业务水平（能）、工作态度（勤）和工作绩效（绩）四个方面，是高等院校为实现培养人才、科学研究和社会服务职能而对教师要求的体现。政治思想方面主要考核教师的政治态度、思想品德、师德、学术道德、遵纪守法等。业务水平主要考核教师的能力和知识结构，包括教育教学能力、科研能力、创新能力和专业知识水平、教育科学知识水平等。工作

态度主要考核教师的责任感、工作积极性、团结协作精神、组织纪律性等。工作绩效主要考核教师所完成的工作数量和工作质量，一般包括教学工作、思想教育工作、科研工作和社会服务工作的数量和质量。

在考核指标体系的设计上，要坚持全面性原则，制定以业绩为核心，由品德、知识、能力等要素构成的全面的评价考核指标体系。既要考核师德学风，又要考核专业能力；既要考核教学，又要考核科研；既要考核学术工作，又要考核社会服务工作；既要严格要求，又要体现人文关怀；既要考核个人能力，又要考核个人的合作意识和团队意识。在设计每一个要素的考核内容时，也要坚持全面性。例如，在进行教师教学绩效考核时，不仅重视过程，也重视效果；不仅重视课堂教学，也重视课外辅导；不仅重视教学能力，也重视教学态度；不仅有共性要求，对不同学科也要区别对待。再如，教师评价中要处理好教学和科研的相互关系，纠正"重科研、轻教学"的倾向。强调教书育人是教师的天职，教学是教师最重要的工作。应建立完善有效的激励和约束机制，调动教师参与教学的积极性。坚持教授上讲台，把为本科生授课作为教授、副教授的基本要求纳入教师评价考核指标。不仅考核教学工作量，教学质量更应当成为晋升、奖惩的重要依据。

在坚持全面性原则的前提下，不同类型的高等院校应结合学校的实际情况，将上述方面内容具体化。要充分考虑评价考核指标体系与学校的定位、发展战略保持一致；充分体现学校的定位和发展目标符合教师的要求，确保学校教学工作、科研工作的质量和社会服务工作的顺利开展，从而推动学校教育事业的发展。例如，由于研究型大学、教学研究型大学、教学型大学各自的定位和发展战略不同，实现培养人才、科学研究、社会服务等职能的侧重点也不同，对教师的绩效评价考核要求就不同。

2. 考核过程要公开、公正、公平

公开原则是指对教师的考核过程、考核标准以及考核结果要公开，不能搞暗箱操作，不能人为干预；公正原则是要求考核者在考核过程中要实事求是，不能人云亦云、送"人情分"，更不能打击报复；考核者在教师中要树立威信，树

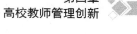

立较高的学术地位，使教学效果的公认程度高；公平原则是指应综合考核教师，不能因某一点原因就全盘否定教师的所有努力，要给教师申诉的权利和机会。

3. 考核应采用量化指标，又不能绝对量化

量化的指标可以更明确地评价教师的教学和科研工作，它不像描述性评价容易掺杂个人主观因素，也可以通过调整权重等方法使评价更科学。但在设计量化指标的时候，要充分考虑质的方面的因素，不能单单考虑授课学时、发表论文数量等，否则容易产生教师对量的追求而忽视对质的追求的导向作用。

4. 实施分类评价考核

在学校的教育教学工作中存在着岗位分工，教师所从事的具体工作和承担的角色也不同。在决定评价考核时，要以承认差异性为前提，这是实践人力资源分类管理思想的重要要求。因此，要根据学科类型、水平及不同岗位的职责、特点，分类设计评价指标和评价标准，使教师能够形成自己的教学和科研特色，充分发挥其个性和特长。

（二）工作量核算

在工作量的核算上，大体可以分为两种方法：一是教学与科研单独核算；二是将教学工作量和科研工作量分别量化，赋予一定分值后加总，然后根据总分对教师的工作总量进行排序。这两种统计方法都有各自的缺点，第一种不易于管理人员掌握教师的工作总量；而第二种方法中，教学与科研是两个不同性质的量，直接相加不能准确反映教师的实际贡献，与实际也有较大误差。而且适用范围十分有限，只能在同一类课程或专业内进行比较排序。

1. 教学工作量的核算

教学工作量不应仅仅是教学授课工作量与班级系数简单的加乘计算，还应考虑到质的因素。同样讲授一门课程，有的教师讲课认真、备课充分，教学方法深受学生们欢迎，教学效果好，而有的教师则可能要差许多。如果按同样系数计算工作量，则教学好的教师就会心理失衡，所以应该将教师的教学效果计算到教师的工作量中。

2. 科研工作量的核算

科研对于教师来说，能够使自己与自己学科领域的新进展保持一致，从而进行高质量的教学，学术研究的过程和结果往往能改变教学的内容和方法。因此，大学教师必须从事一定的科学研究。但就工作量的核算来说，由于科研成果的学术性价值难以评估，从而给核算工作带来了很大的困难。我们在核算科研工作量时，只能根据教师科研成果的类型以及级别进行核算。科研工作量主要包括发表论文、承担课题、出版学术专著等。

第五章

高校学生管理创新

第一节　高校学生管理的本质与特点

一、高校学生管理的本质

高校学生管理属于高等学校管理的一部分，所以具有管理的一般本质，又是高等学校人才培养工作的重要环节，有其特殊的本质。主要体现在以下 3 个方面：

第一，高校学生管理的社会组织具有特定性。实际上，社会组织中协调组织成员的相互关系和个人活动具有必要性，这是管理活动的根源，所有的管理活动都要在一定的社会组织中进行。高等学校是特定的社会组织，是系统培养专门人才的组织，其首要和基本的任务就是教育和培养大学生，所以高校学生管理是高等学校的特殊管理活动，其目的就在于实现高等学校的任务。

第二，高校学生管理的目的是培养人才，促进大学生的全面发展；是实现一定社会组织的某种预定目标。管理是实现目标的必要途径，世界上既不存在无目标的管理，也不可能实现无管理的目标。高校学生管理是高等学校人才培养工作的环节之一，其目标与学校在人才培养方面的预定目标统一，就是要培养人才，使大学生全面发展，富有创新精神和实践能力，能够更好地建设中国特色社会主义事业。

第三，高校学生管理的本质是合理配置学校的各种资源，指导和服务大学生成长成才。高校学生管理的任务主要是科学地决策、计划、组织和控制学校的各种资源，有效地利用人力、物力、财力、时间和信息指导为大学生服务，使其能够顺利完成学业、健康成长成才，具体包括3个方面，一是引导大学生行为和大学生群体；二是资助家庭经济困难的学生；三是提供就业服务，帮助毕业生就业等。

高校学生管理内涵是高等学校以实现人才培养、大学生全面发展为目标，通过决策、计划、组织和控制等方式，有效地利用人力、财力、物力、时间、信息等资源，指导和服务大学生成长成才的一系列社会活动过程。

二、高校学生管理的特点

（一）价值导向较为鲜明

我国是工人阶级领导的、以工农联盟为基础的人民民主专政的社会主义国家，我国高等学校的目的是培养专业人才为社会主义建设服务。所以，我国的高校学生管理一定要坚持价值导向的引导，也就是要求学生坚持社会主义思想。高校学生管理的价值导向具体体现在以下3个方面。

1. 目标管理

人类实践活动的基本特征之一就是目的性。人的实践活动基于一定的需要对实践对象的属性及变化趋势有着一定的认识和判断，这就是目标管理目的，体现着其价值观念。同理，高校学生管理也有目的性。价值观念和价值追求贯穿高校学生管理的整个过程，都是基于一定的价值观念确定和设计的，都贯穿和体现着一定的价值观念和价值追求。所以高校学生管理的价值导向既引导、激励和评价着大学生的日常行为，又引导、激励和评价着管理人员的管理行为，还引导和促进大学生形成正确积极的价值观。

2. 理念管理

高校学生管理理念是社会价值体系的体现，指导着高等学校学生管理的思想、原则、方法。高校学生管理中往往贯彻和体现了社会先进的价值观。

3. 制度管理

有效的高校学生管理拥有科学而又严密的规章制度，规章制度的设计和执行标志着高校学生管理规范化、制度化和法治化，也是高校学生管理规范化、制度化和法制化的基本保证。而管理规章制度是人们制定出来的，制定的人受一定的价值观念影响，制定出的制度也就具有一定的价值导向，具体表现是，大学生需要做的事情与不能做的事情，哪些行为受到鼓励和提倡，哪些行为被反对和禁止，怎样的行为和表现会被奖励，怎样的行为和表现会被惩罚等。高校学生管理制度中的这些规定无不体现着鲜明的价值导向。

（二）教育功能较为突出

由于高等学校人才培养工作的重要部分就是高校学生管理，所以高校学生管理具有管理和教育的双重属性，且更偏重教育功能。

第一，高校学生管理作为高校为达成目标而实施的特殊管理活动，其目标必然与高校的目标相一致，且服从和服务于高校的目标。高校的目标就是实现大学生教育目标，促进学生圆满完成大学学业，也就是说，大学生跨进大学之门的目的就是接受大学教育。所以高校学生管理的目标必须为大学生教育的目标服务。

第二，教育方法在高校学生管理方法体系中具有突出的作用。教育方法是包括高校学生管理在内的现代管理活动中最广泛使用的一种基本手段。这是因为，一切管理活动都离不开人，而人是有思想的，人的活动总是由一定的思想意识支配的。任何管理活动都要坚持思想领先的原则，注意做好人的思想工作，通过影响人的思想去引导和制约人的活动。而高校学生管理作为大学生教育和培养工作系统中的一个重要组成部分，也就必然要更加注重运用教育的手段，以增强高校学生管理的实效性。

第三，高校学生管理过程就是教育大学生的过程。高等学校的工作核心就是教育和培养专门人才，所以一切工作都要围绕教育学生来展开，都应当对大学生有良好的教育和影响作用。而高校学生管理的理念是以人为本、民主法治、公正和谐，采用的管理方法是民主管理、依法管理、科学管理，其内在遵循教育规律和管理规律，遵循从学校和学生的实际出发，实事求是的科学精神和哲学规律，这一切都潜移默化地影响着学生。例如：高校学生管理过程为促进大学生成长成才而制定了各项规章制度，这些制度会引导大学生思想，激励大学生前进，规范大学生行为。另外，高校学生管理人员的情感、态度和言行也会影响大学生，是大学生的表率和示范。由此可见，高校学生管理的过程就是大学生教育的过程，直接关系着大学生思想品德的形成与发展。

（三）系统工程较为复杂

管理活动具有整体性、层次性、动态性和开放性，作为系统工程的高校学生管理同样具有这些特征。同时，高校学生管理又是特殊复杂的，所以高校学生管理是很复杂的系统工程。

1. 高校管理的复杂体现在任务复杂

一方面要以大学生学习为中心任务，管理和引导学生的学习行为和实践活动；另一方面要关注大学生的健康成长，管理和引导学生的日常行为，包括交往行为、消费行为、网络行为等，还要做到及时发现、校正和妥善处理学生的异常行为。一方面要管理和引导大学生现实群体，包括学生班级、学生党团组织、学生社团和学生生活园区；另一方面不能放松以网络为平台形成的虚拟群体管理和引导。一方面要加强校园内的安全管理和引导；另一方面指导和督促大学生在校外的安全。一方面为调动学生的学习积极性，要面向全体学生做好奖学金评定工作；另一方面要资助好家庭经济困难的学生，帮助其顺利完成学业。一方面要引导新生制定科学的职业生涯规划，帮助其明确努力的目标；另一方面要为毕业生提供就业、创业指导和服务，使其找到合适的岗位，能够充分实现自我价值。所以，由此可以看出，在大学生专业学习和日常生活的每个环节，都有高校学生管理的任务，也就是高校学生管理贯穿于大学生培养工作的全过程，任务繁多、复

杂、艰巨。

2. 高校管理的复杂体现在高校学生个体特征的复杂

高校学生管理的对象是大学生，而大学生人数众多，又个性鲜明，具有很大的差异性，管理起来具有复杂性。他们有各自的生活条件和生活经历，所以即使是同一个年级、同一个专业、同一个班级，也会有着不同的精神世界和思想感情，包括气质、性格、兴趣、爱好和习惯等，使得学生的思想行为也有着不同的特点，管理运用的方式也应因人而异。

3. 高校管理的复杂体现在大学生成长受到复杂的多种因素影响

促进大学生的健康成长是高校学生管理的根本目的，可影响大学生成长的却不只是高校管理一项因素，还有复杂的外部因素，如与大学生的学习、生活、活动和交往有关的环境因素，都会制约大学生的成长。

因此，在进行高校学生管理时，管理人员要善于正确地指导大学生的学习和生活，能够正确认识和有效调控各种环境因素，使其尽可能对大学生产生积极影响，对其消极影响做好防范、抵御和转化。当然，这项工作十分复杂。

（四）管理的专业性极强

高校学生管理传统上是经验性的事务型工作，而高校学生管理对象和内在规律的特殊性及其特有的方法体系逐渐被认识，决定了必须形成高校学生管理专业视角、使用专业方法、形成专业研究模式。现在的高校学生管理工作专业性极强。

1. 高校学生管理的内在规律特殊

高校学生管理自身具有特殊的矛盾，就是以社会对专门人才的需要为参照标准，对大学生的行为要求与大学生实际行为情况之间有矛盾。这一矛盾存在于一切学生管理活动中，存在于一切学生管理过程中，是高校学生管理全局的决定性因素。这一矛盾既是高校学生管理的基本矛盾，又是高校学生管理的特殊矛盾，使之与其他社会实践活动有所区别。为解决这一矛盾而开展的特殊社会实践活动就是高校学生管理。所以，高校学生管理既要遵循管理的一般规律，还要不同于其他管理活动。既要遵循教育的一般规律，也要区别于其他教育活动。这就需要专门探索和研究高校学生管理的特殊规律，揭示这种规律也是高校学生管理理论研究的任务。

2. 高校学生管理的对象特殊

大学生是高校学生管理的对象，有些显著特点与一般管理对象不同。

（1）大学生自觉能动性高

大学生的特点是自主意识强、独立意向突出、智力发展水平高，且多崇尚独立思考，希望自主自治。在高校学生管理过程中，大学生具有管理对象和积极活动主体的双重身份。对于管理的要求和规章，对于管理人员施加的指导和督促，他们总要经过自己的思考，做出自己的评价、选择和反应。而且，他们会主动地参与管理活动并自觉地接受管理，甚至达到自我管理。所以，在高校学生管理中，激发和引导大学生的自觉能动性是一项很重要的工作，要充分将他们引导到高校学生管理的目标上来，使他们的需求和高校学生管理的要求相一致，使其能够主动接受管理，并且积极进行自我管理。

（2）大学生处于成长和发展关键时期

大学生既不同于少年儿童又区别于成人，正处于世界观、人生观和价值观形成的时期，在思考、探索和选择过程中，逐渐形成正确的世界观、人生观以及价值观即心理日趋成熟但没有完全成熟，智力发展迅速，情感丰富，有很强的自我意识，同时心理矛盾较大，例如理智与情绪的矛盾、自我期望与自身能力的矛盾等。他们的思想活动具有显著的独立性、敏感性、多变性、差异性和矛盾性。大学生处于即将走向社会，进入职场、全面参与社会劳动实践的关键时期，有着巨大的发展潜力，各个方面蕴藏着极大的可能。所以，高校学生管理要针对大学生的特点，切实加强大学生指导和服务的力度和科学性，促进大学生健康成长，身心良好发展。

（3）大学生的任务是学习

学习是大学生的首要任务，大学生的学习是在教师指导下、遵守特定的制度和规定，有目的、有计划、有组织地进行的。大学生学习有很强的自主性，可以在学校的有关规定下自主地选修课程，也有大量自主支配的课外学习时间。也就是说，对于大学生的学习来说，科学的学习方法很重要，高度的学习自觉性和有效的自我管理也同样重要。所以，高校学生管理要以大学生的学习任务为中心，加强指导和管理大学生的学习行为。

3. 高校学生管理有独特的方法体系

高校学生管理对象和管理规律的特殊性，决定了高校学生管理的方法体系也是特有的。高校学生管理工作涉及面广、综合性强，所以需要管理学、教育学、心理学、社会学等多方面的理论方法和技术作为其方法体系的基础。但高校学生管理的方法体系又不是这些学科方法和技术的简单拼凑和机械结合，而是需要在系统掌握这些学科理论、方法和技术的基础上，针对高校学生管理的特定对象、特殊规律和实际，有机地综合地加以运用，形成自己特有的方法体系。

第二节　高校学生管理的信息化构建

社会经济的繁荣发展将信息化推向社会主流，反之，信息化的建设又促进政治、经济和文化产业的发展，信息化带动了社会各个层面的改革和创新。高等教育是治国之本，高校学生的管理模式也在信息化浪潮中不断创新。信息化提高了学生学习和生活的质量，提高了高校管理部门的管理效果，它是数字校园的推动力，是高校教学、管理、学术研究等统一的标志。同时，它创新了高校人才培养模式，推动了高校人才培养的浪潮，符合社会发展需求，帮助毕业生在社会上有立足之地，促进经济的繁荣和发展。因此，人才培养模式的创新必将促进高校信息化管理的发展。

随着信息时代和网络时代的发展，电子产品成为纸质报纸、广播电台、电视媒体外的新兴产物，笔记本电脑、平板电脑、智能手机已融入大学生活和学习之中。近年来，智能手机的发展带动了手机网民数量的剧增，各类手机应用 App 蓬勃发展。大学生是手机网民的主要构成部分，他们在利用新媒体、传播新媒体信息等方面都很熟悉，能够快速扩散信息、收集大量信息，同时，大学生还具有很强的独立性和开放性。这些都对高校学生的人生观、价值观、学习观产生了很大影响。

一、高校学生管理工作的信息化构建思路

（一）信息化构建的必要性

1. 推进高校学生管理创新是适应高等教育大众化发展的需要

近年来，中国高校教育发展迅速，在规模和在校生人数上都有很大增长，高校内部的结构和管理也进行了优化，对学生公寓、食堂、学分要求、班级概念等都进行了改造与革新，这些新的变化和创新都加强了对高校管理人员的挑战。高校管理人员要通过不断的学习、培训、创新才能够管理好新型的高校，才能符合时代的发展和学生的需求。

2. 推进高校学生管理创新是加强和改进学生工作的内在需要

学生管理主要是对学生思维、规章制度、学习活动等方面进行正确的引导和开展管理工作。学生的价值取向、生活方式等都受到社会和时代的影响，向着生活多样化、思想开放化、经济变革性等方向发展。互联网对学生的冲击更是巨大，在学习方式、生活方式、价值取向等方面都深深影响着他们的行为。在这种开放的教育环境中，学生受到各种观念的影响，主观意识、民主意识等不断加强，造成学生更加凸显个性，实现自我。这种情况下，如果还是按照传统的方式来管理学生，只能适得其反。高校管理人员要利用新时代的方式、按照学生的生活方式去接近和管理他们，才能够实现管理工作高效完成。要利用特殊的管理思维，在理念、方法、模式上进行创新，只有这样才能够充分发挥管理人员的作用，能够被学生接受，能够有效对学生开展管理工作。这不但是高校学生管理的基本需求，更是高等教育对教学质量提出的新要求。

3. 推进高校学生管理创新是培养创新人才的需要

随着科学技术的不断发展和进步，要想满足社会对人才的需求，必须加大对高校学生的培养力度，培养出综合素质足够高的专业化人才。要想实现人才培

养目标，必须加大教育创新和制度改革，不仅要创新教育管理观念，还要创新人才培养模式。在高校教育当中，学生信息化管理工作比较重要，也是培育人的主要方式，学生管理不断创新是培养创新人才的需要，也是高校教育创新的主要内容之一。

（二）信息化构建的优势

1. 发挥社会主义核心价值观的引领作用

社会主义核心价值观代表着中华民族的文化和精神所在，是在信息化时代下的实力展示，更是在党的领导下全国人民共同奋斗努力的结果。高校培养的人才要符合社会主义核心价值观，这是教育的本质。要借助信息化的优秀成果来实现社会主义核心价值观，帮助大学生稳定发展，这也是国家德育培养的重要内容。

高等学校坚持"育人为本、德育为先"的教育理念，就是要解决依靠什么来"培养什么人、怎样培养人"的重大问题。借助新媒体这一信息平台，在潜移默化中将社会主义核心价值观内化为大学生的价值观念，从而转化为大学生的价值追求。培养社会主义现代化建设人才，就要坚持社会主义核心价值观，以此引导大学生的思想健康成长，在大学生思想意识中巩固马克思主义指导地位，坚持不懈地用马克思主义中国化的最新理论成果武装大学生的头脑，用中国特色社会主义共同理想凝聚建设者的力量。在大学生群体中培育和践行社会主义核心价值观，既是在高等学校进行思政教育的重要内容，也是建设社会主义强国、实现中华民族伟大复兴所赋予的历史任务。这就需要充分发挥各种教育载体特别是新媒体的作用，采用学生喜闻乐见的信息发布形式，激发学习兴趣，形成教育合力，提高教育效果。促进大学生思想的成熟与健康发展。

2. 构建践行社会主义核心价值观的载体

当前，由于经济转型和社会发展变迁的影响，市场经济大潮汹涌澎湃，各类信息呈现出大爆炸状态，引发人们价值观念的变迁和社会心态的流变，导致了功利性价值观的增强；改革开放的深入进行，外来思潮的广泛影响，助长了价值观多元化的倾向；新媒体的推广运用，促进了自主意识的觉醒，催生了以自我为中心的价值观，这些因素都对大学生的教育管理带来影响，大学生的教育与管理上出现了一些不容乐观的问题，也对践行社会主义核心价值观的有效性提出了挑战。在新媒体时代，发挥新媒体信息化的优势做好大学生教育管理工作，培育和践行社会主义核心价值观，用社会主义核心价值观指导对大学生的教育，不断提高大学生的思政素质与理论水平，把他们培养成中国特色社会主义事业的合格建设者和接班人。而如何运用新媒体发挥信息化的长处是当前必须面对的富有挑战性的任务，利用青年大学生对新媒体熟悉、对信息接收反应快的特点，发挥信息化在践行社会主义核心价值观过程中的积极作用。

随着时代的发展，信息的爆炸性呈现，面对青年大学生的成长特点，传统的教育管理方法与当前大学生在价值取向、政治态度、心理发展、道德养成、行为模式等方面的变化产生了一些不适应。新媒体传播空间的开放性、自由性。新媒体拓展了教育的新平台，大学生几乎都拥有智能手机，大多数也拥有了电脑，新媒体强大的信息传播与承载功能，在教育者与受教育者之间构成了更便捷、畅通的渠道。新媒体提供了教育管理的新方式，可以通过开展形式多样的网络互动与对话活动，宣传社会主义核心价值观，了解大学生的思想动态，答疑解惑，在舆论导向上进行正确的引导。

新媒体提高了大学生教育管理的针对性和有效性。新媒体的网络平台因其虚拟性，有利于交流者敞开心扉，倾听相互的观点与诉求，提供了从侧面了解相互之间真实想法的机会，能够有针对性地加以引导与沟通，从而提高教育管理的有效性。在新媒体平台，可以比较自由地进行信息交流，可以发布或获取各种信息、资料、图片、视频，开放性地向更多的人传播所思、所见、所想，形成自由开放的信息传播空间。新媒体在信息传播主体上具有多元性、平等性。信息传播主体由一元发展为多元，实现了"所有人向所有人"的社会化平等性传播，处在不同社会群体和社会阶层中的人都能通过新媒体发出自己的声音，所有的人变成平等的"信息人"，作为新媒体使用主力军的大学生更在信息交流中占据主体地位。新媒体作为信息科技手段，在方便大学生学习生活的同时，也表现出传播信息的多元性与复杂性。由于信息传播自由导致各类信息庞杂多样，呈现出价值多元、意识模糊、是非难分的情形，让涉世不深的大学生面对海量的信息难以有效

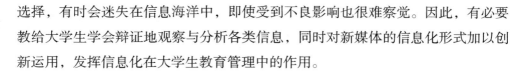

选择，有时会迷失在信息海洋中，即使受到不良影响也很难察觉。因此，有必要教给大学生学会辩证地观察与分析各类信息，同时对新媒体的信息化形式加以创新运用，发挥信息化在大学生教育管理中的作用。

3. 发挥新媒体在教育管理创新中的功能

要想促进学生信息化管理创新，必须借助新媒体的力量，把抽象的观念具体化、大众化，还要实现学生思想管理和社会主义核心价值观的有效结合，在明确教育管理理念的基础上，将新媒体应用到学生学习的各个方面，并通过推动社会实践，开展多样化的主题活动和大量的志愿活动，提升学生的自身修养，外化为大学生的自觉行动，规范学生的自身行为，促进学生全面发展。

（1）构建大学生教育管理的信息化宣传平台

围绕立德树人的根本任务，构建网络信息平台，建设培育和践行社会主义核心价值观的信息化阵地。网络已经成为主要的政治思想教育学习场所，学生要主动在网上进行学习，掌握主动权，将新时代的新媒体技术应用到社会主义核心价值观的实践过程中；进行多平台的联动，充分发挥各种渠道的宣传优势，将社会主义核心价值观推上宣传热点。随着时代的发展，新的文化观、价值观、思维方式都对校园造成了冲击，校园已经带有社会风气，处于一种多种文化观、价值观和思维方式共同作用的环境，面临着各种选择和诱惑。身处信息化高校的大学生时刻都在受到这些信息的冲击和影响，思想观念也逐渐发生变化，要避免负面信息对大学生的社会主义核心价值观培养造成影响。

社会主义核心价值观在高校中无处不在，无论是在主题网站还是在线下活动都要进行强调，并且以符合时代发展的方式让学生接受，影响他们的思想观念、生活方式和情感交流等。要将党和团的宣传遍及网络，用正确的社会主义核心价值观加强对学生的引导，用学生喜欢的方式接近他们，充分利用学校相关部门、学校老师等渠道对学生进行动员，通过社团活动、团支部活动、班级活动等宣扬社会主义核心价值观，打造符合学生兴趣的文化、艺术以及学习和生活相关的活动，将学校官网建设成具有教学功能、公告功能、学术功能、报纸、后勤保障功能的网络平台。通过党群支部、班级的线上社交群宣传社会主义核心价值观，在践行社会主义核心价值观的时候对学生进行相关采访、讨论、设计制作等，以此鼓励大学生多参与网络活动，多利用计算机和智能手机上网，通过互联网的渠道将全校师生连接在一起，互相交流、互帮互助，打造高校线上社会主义核心价值观新平台。

（2）建立大学生教育管理的交流平台

在践行社会主义核心价值观的时候，要注意合理利用新媒体这一新的社交工具，要发挥信息化的有效作用，做好引导和宣传工作。高校管理人员要培养学生的信息化新理念、新思潮，及时根据时代发展调整工作思路，将传统工作方式和时代进行结合，形成互补、互助、协同发展的新平台，帮助当代大学生掌握教育信息化的主动权。要主动探索当代大学生的教育管理特色和规律，并总结可能出现的相关问题，寻找解决方案。通过对内外部的信息进行分析，找到根除问题的办法，并培养大学生分析、解决问题的能力。在这个过程中，要合理利用网络平台进行老师和学生之间的互动和交流，通过党群组织的线上群、贴吧等社交平台，通过学校老师、辅导员的个人社交媒体和自媒体平台发布相关的信息。通过网络的引导组建高校的新社交圈，实现学生管理、答疑、服务、沟通等功能。打造网络学习、思想教育、信息交流、服务管理的服务平台。由此可见，高校管理人员可以通过收集网络相关的反馈信息来总结相关的问题，并提出解决方案，通过这种线上的交流模式，更加便捷、快速地帮助学生解决有关学习和生活中出现的各种问题，加强高校师生之间的交流，增进师生感情。

在有关教育活动中要通过具体的主题交流活动来践行创新思维理念，可以针对班级开展作文大赛，面向全班同学征集有关中国梦、青春梦的主题作文，鼓励大学生放飞梦想、畅想未来，为中华民族伟大复兴刻苦学习、积极向上。要在班级群里推广和宣传时事热点、政治新闻的信息，让大学生多渠道了解国家思想动向，立足于社会主义核心价值观，提高全体学生的政治觉悟。一旦出现相关的问题，要及时分析和通报，好的地方进行表扬，不好的地方共同商讨对策，找到解决的办法，通过这种方式促进班级团结。可以通过微信、微博等自媒体渠道发布和转发有关正能量的文章，鼓励学生积极向上、激发学生的斗志。在这个过程中，要注重培养学生的民族自尊心、民族自豪感和民族自信心，端正学生的价值观，培养正确的人格和优良的品质，并不断追求自我价值。通过社会主义核心价

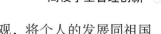

值观的引导，培养大学生的正确世界观、人生观和价值观，将个人的发展同祖国的繁荣复兴结合在一起，树立远大目标，肩负起中华民族伟大复兴的重任。

（三）信息化构建的创新思路

新时代下，针对大学生出现的具有时代性的问题，要用何种方式来进行管理和解决，并在这个过程中提高大学生的素质，已经成为教育工作者重点关注的内容。传统的教条式教育方式已经过时，不符合时代的特性，要通过创新思路和理念来开展新的管理工作。

1. 树立高校人本教学观念

要加强情感教育，在日常的学习、生活中加强对学生的思想引导和情感沟通。首先，要以人为本，充分尊重学生；其次，教学过程中要注重情感交流，将情感融入教学中，达到教育的目的；再次，要充分尊重学生，以感情因素来打动学生，充分引导学生正向发展，在教育和管理中做好转化；最后，通过情感交流来引导学生的思想，要经常性对学生进行褒扬和激励，帮助学生养成高尚的道德情操。

（1）树立师生间平等意识

要想促进师生间的良好交流和沟通，必须采取有效措施，改善师生关系，对于师生关系来说，对应的是平等关系，是基于人格平等上的合作交流关系。在师生关系建立当中，必须凸显出学生的核心主体地位，教师要起到良好的引导作用，学生才是学习的主人。在具体的教学管理活动开展中，教师要让学生学会自我管理，不要进行过多的干预。

（2）建立针对性的制度规定

制度建设是班级管理中的重要举措，但是制度的制定与实施，应适应不同班级的特点，符合大学生的年龄特征，而不能以检查、纠偏、惩罚为目的。

（3）尊重学生的个性差异

针对素质教育来说，其核心是个性化教育，针对不同的学生而言，是存在一定差异性的。要想从根本上提升教学效率、保证教育成功，就必须尊重学生，采取个性化和专门化的教育方法，针对不同的学生，要采取相应不同的教学方法，通过加强个性化教育，可以为学生创设良好的学习环境和学习氛围，从根本上提升学生的思维创新能力。

（4）树立"学生是发展中的人"的意识

处于教育阶段的青年学生身心尚未完全成熟，通过他们的成长规则可以看出还处于不断发展和成长的过程，有待开发潜质和技能。在学习过程中，除了与生俱来的遗传优势外，环境对他们的影响也尤为重要，从身心两个方面而言，遗传因素、环境因素、教育手段是共同作用于学生成长的，在三者的作用下，学生身心逐渐发育成熟。这种成熟的发展是不固定的，波动非常大。所以，学校老师和管理工作人员要从学生的角度出发，不要按照成年人的要求、自己的标准和固有观念去教育和指责他们，也不能对其不管不问，要针对学生不同阶段的心理变化进行有针对性的引导和教育。

（5）培养学生的责任意识

学生的道德教育是班级管理中的重要内容。一方面，不能抑制学生的独特性，要培养他们正确的观念，打破等级观念的束缚；另一方面，要培养学生的大局观，引导他们牺牲自我，实现大我。

2. 强化以学生为本的教育管理观

教育活动是根据教育理念开展的。在进行学生管理变革时，首先要发扬"以学生为本"的观念，充分尊重学生的个性，鼓励全体学生参与，这是做好管理工作的基础。现代管理学中指出，人这种资源是最核心的资源，是管理工作中的第一要素。学校管理人员要将学生作为所有工作的重心，要以学生为中心开展活动，充分尊重学生、关爱学生、鼓励学生，要时刻不忘满足学生的合理需求，并引导他们开发自身的主动性、创造力和积极性。总之，就是要在学生管理的过程中充分了解学生需求，帮助学生提高综合素质和专业技能。管理要具有民主性和主观能动性，使学生意识到他们是管理的核心，除了被管理，还有管理的职能。要帮助学生培养对自我的管理、教育和服务。

高校学生管理工作具有全员参与性，所有的高校成员都在其中有着自己的作用。在管理工作开展过程中，单独依靠管理部门的努力是不够的，要充分发挥各人群的主观能动性，鼓励他们主动加入高校管理工作中。要充分加强高校管理

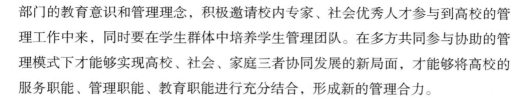

部门的教育意识和管理理念，积极邀请校内专家、社会优秀人才参与到高校的管理工作中来，同时要在学生群体中培养学生管理团队。在多方共同参与协助的管理模式下才能够实现高校、社会、家庭三者协同发展的新局面，才能够将高校的服务职能、管理职能、教育职能进行充分结合，形成新的管理合力。

3. 构筑学生管理信息创新平台

科学的进步非常迅速，信息化和互联网技术的发展突飞猛进。随着数字校园和网络校园的发展，高校已经成为网络用户最多的地区，大学生自然是数量最多的网民。新时代下的互联网给学生带来了极大的帮助，已经成为学生日常学习中获取知识的途径，对他们的世界观、人生观、价值观产生了深远的影响，但是却加重了大学生的管理工作。高校管理人员要进行计算机相关知识的培训，加强网络知识的学习，并在学习过程中掌握新的方法开展学生管理工作。在管理中，提高自身的信息化技能、科学化技能，这样的管理方式才能受到学生的喜爱。

首先，要构建学生信息数据库。新时代下，信息是管理的核心，熟悉学生的相关信息是管理工作的第一步。因此，新生入学时，就要对学生进行相关信息的采集、整理、登记、上传工作。之后针对学生的成绩、奖惩情况、党团关系等进行更新录入，保存为电子档案，为日后查找学生信息提供详细资料。其次，打造学生管理服务平台。可以通过线上渠道对学生进行管理，在网站、QQ群、微信等社交媒体上开展管理工作。学生的管理服务平台要符合学生的需求，贴近学生的思想、生活和学习。要采用民主、平等、开放的形式开展网上讨论，扩大讨论量，打破区域限制。改变传统的单向沟通机制，实现双向沟通，这样有助于提高学生的讨论积极性和发挥学生的主观能动性，能够增进管理工作的亲切感。

4. 健全学生管理机构的创新运行

学生的管理团队在高校管理工作中发挥着重要作用，他们是主要的执行人员。管理机构作为整个管理体系的坚强后盾，通过发展学生管理团队、健全学生管理机构促进高校管理资源的合理分配，为学生管理机制创新贡献力量。现阶段，高校管理团队以班主任和辅导员为主，学生的管理水平反馈的就是他们的管理效果。学校应该从辅导员的优势出发来构建和整合学生管理团队，打造更高水平的管理平台，根除学生的应付思想。在奖惩制度上也要进行加强，激励管理团队的斗志，培养岗位责任感。高校的党委学生工作处主要负责学生工作的安排和执行。作为执行单位，要充分发扬管理的公平性，完善相关的线上线下管理办法，才能更加细致地管理学生。通过这种多方的机制改革，明确管理的目标和职责，并将管理人员中的辅导员、班主任、学生团队进行有机结合，及时沟通，进行有关工作的汇报、反馈和相关问题的探讨，这样能够更加细致地开展管理工作，达到更好的管理效果。

5. 建立多维主体的学生管理体系

通过相关的规章制度、行为准则和管理办法对学生进行思想和行为的教育，并培养学生的思维能力、学习能力等，就是高校学生管理。学生的思想和行为是受到多方面影响共同作用的结果，因此，在对高校学生开展管理工作时要进行多方面的管理。

（1）学校是学生管理的主体

对于学校规章制度以及相关管理方法来说，是可以对学生学习行为起到导向作用的，在具体的高校学生管理当中，必须在结合学生思想特征和实际情况的基础上，明确科学合理的人才培养目标，还要在结合学生身心发展规律的基础上，实现刚性管理和柔性管理的有效结合，凸显出思想教育的激励价值，营造出良好的教育管理氛围。

（2）公寓是学生管理的重要依托

学生公寓是学生学习、生活、社交、娱乐的重要场所，更是连接学校和社会的纽带。近年来，大学城和大型学生公寓的发展使得学生在思想、价值取向等方面都有了很大的变化。大部分学校在学生公寓中成立了管理中心，加大了对学生的管理力度，从方方面面都能对学生进行监督和管控。管理中心在公寓管理、公寓文化建设方面都有正向的推动作用。学校的相关管理单位、学生组织要加强与学生的沟通和交流，网上汇总学生的相关问题，并探索解决方案。避免学生在公寓活动和相关管理工作中逃避责任，提高管理的效率。

（3）家庭是学生管理的重要合作者

要想加强高校学生信息化管理，还需要学生家长的配合，高校教师必须加强和学生家长的交流沟通，创新并完善学生家长联系制度。例如，有的家长在保持电话联系的同时，还发邮件或登录学校有关网站留言反馈学生的信息，交流教育经验，为推动学生管理起到了积极的作用。通过严格遵循学生家长联系制度和标准，可以从根本上促进高校学生管理工作的有效落实，还可以扩大学生管理方法的应用范围，从根本上优化学生管理效果。高校学生管理创新工作难度是比较大的，针对高校学生管理人员，必须在结合信息化思维特点的基础上，不断创新和完善学生管理方法，还要及时了解学生管理变化情况，从根本上推进学生管理创新。

二、高校学生管理工作的信息化构建方法

（一）思想理念方面的构建

高校学生管理工作创新的基础和前提是理念创新。理念是高度凝结的集体式智慧，核心是自主创新能力，既强调外在显性理念，还强调潜在的隐性理念。高校学生管理工作的创新，要让学生管理工作人员都能够与时俱进，及时更新个人理念，形成创新高校学生管理事务，提升管理工作效率的新理念。更新高校学生管理创新理念的具体途径有以下几方面。

1. 领导者要有与时俱进的理念

高校的信息化建设是一项需要消耗巨大人力、物力和财力的工程，同时还需要众多的职能部门以及相关的一线工作人员参与其中。所以，高校在实施学生信息化管理之前，首先需要进行合理的科学性规划，除此之外还需要领导者能够清楚地认识当前信息化的趋势，正确地看待时代的发展潮流，具有大局观，跟随时代发展的脚步，对高校信息化建设给予足够的重视，严格监管其规划和部署。相关领导应当从自身做起，对信息化理论有关的先进观念积极主动地学习，对全局进行统筹规划。除此之外，还需要通过充分的调研论证，根据学校的特征来制订相适应的信息化建设方案，树立长远的目标。许多高校提出校级信息化管理建设专门的管理机构这一观点，为了能够实现统筹建设信息化发展这一目标，同时也是为了能够帮助大家更加透彻地对办学目标以及采用的策略进行理解，确立首

席信息官这一负责校园当中信息化建设的角色。

由此可见，领导角色理念的加强建设对于信息化建设的成功是十分必要的，先进理念对于信息化建设十分重要。领导干部应当给予学生信息化服务建设充足的重视，从源头出发使用目标管理以及过程激励两种方法，使得全员都能够加入信息化建设之中。在信息化建设开展的过程中，对于系统动力学的应用十分重要，在建设管理的过程中融入项目管理思维，其主要目的在于具体化运作信息化管理过程，对信息管理资源进行配置以及平衡整体性管理系统的应用，这对于整体优化学生工作管理能力具有促进作用，可以提升学生管理工作效率。

2. 管理人员要有加强服务意识理念

高校内的信息化系统服务于校内的所有人，其使用主体就是校内的管理人员。在信息化建设的过程中，高校教师参与网上办公正是一个重要的方法。高校管理人员应当着重培养自身的服务意识，从服务的角度出发，为信息化办公系统的进一步完善提升提供合理化的建议，从而改善信息化系统。但是在我国大多数高校之中，管理人员并非教师阶层，其专业可能是不同的，一部分非信息化相关专业的管理人员相应的能力水平是比较低的，所以，对这一部分人而言，使用信息系统具有一定的难度，在使用的过程当中往往会出现各种各样的问题，传统的办公模式才是他们所熟悉的。因此，在信息化建设的过程中，需要高校重视加强对于学生管理工作人员的相关培训，从而帮助其形成使用信息化平台的自觉。信息管理人员应当加强对于信息化本质的理解，紧跟信息化发展的步伐。为了保证管理人员对于信息化系统的使用更加轻松，高校应当加强使用意识的培养，从而节约成本、提高效率。

3. 学生要积极使用信息化系统

应用现代化信息手段的优势在于，既能够帮助学生大幅提高学习效率，同时还可以帮助学生培养学习的灵活性及自主性。目前，部分高校已经开始使用校园一卡通，它的大小与普通的银行卡相似，其中包含学生的诸多信息，例如借书卡、饭卡、学生证等，使学生生活更加便利。与之相同的是，学生的学习生活也因为大量信息终端的介入而充满了大量信息化内容，这样的改变使得如今对于学生信息化素养有了更高的要求，同时也带来了明显的优势。现实当中，学生们对于新事物的接受能力是较强的，因此更加热衷使用信息化产品，从高校学生的性格特征以及心理特征角度进行分析，高校仍然应当注重培养学生的信息化素养、正确引导学生进行资源的开发以及应用，使学生们能够免疫不良信息，对学生的学习生活起到辅助支持作用。

4. 技术人员要树立服务意识、合作意识

在对高校信息化建设以及维护的过程中，信息技术人员发挥着主导作用，所以高校应当保证相关技术人员时刻跟随科技发展的速度。由于受到专业的限制，技术层面成为许多相关工作人员进行工作的出发点，这也导致其无法准确地对各部门的需求进行把握。因此，应对高校当中的信息化技术人员和普通技术人员服务意识的培养给予足够的重视。在进行调研时，首先应当同行政及其他管理人员和学生进行沟通交流，了解不同人员所具有的不同信息化需求。在使用信息化产品时，信息化技术人员应当能够准确地把握产品，同学校实际情况相结合，提升其创新以及务实性，从技术层面出发、同时结合实际应用当中所产生的需求来综合性地对信息化进行设计。

在高校学生信息化管理当中，还要严格遵循"以人为本"原则，要做好关爱学生、保护学生，促进学生的个性发展，从根本上提升学生的独立思考能力，加大对学生全面发展以及学习需求的关注度，旨在促进学生健康成长和高效学习。

信息技术同时具有通信以及自动化的功能，这对于各种管理应用系统的构建是有着帮助作用的，可以进一步提升管理效率。除此之外，超强大的交互功能以及通信功能可以保证与学生沟通的畅通无阻；通过对信息技术的应用来实现各类应用平台的建设，对管理机制不断进行创新，不断加强管理以及服务水准，最终使网络具有传承人类道德普遍价值的功能。高校应当对建设网络平台给予足够的重视，围绕人类道德普遍价值教育这一问题，开展相关的网上交流、教学、论坛、辩论等，并通过校园的论坛、博客等进行有关信息的报道，在不断地交流渗透过程中积极引导树立正确的价值观，从而完善网络平台，发挥网络所具有的影响以及宣传能力。

（二）业务流程方面的构建

中国高校的核心重点是为国家培养和输送人才，高校的学生事务是高校的

重点业务。新生入学时，报到注册、学籍资料整理、就业指导、实习支持、心理疏导等工作需要各个部门协同处理。就新生报到流程而言，学校管理部门、学院、学生处、资产处、财务处、保卫处、网络部门等都需要加入迎新工作中。这些部门如果实现了联合办公，新生报到的手续将会顺利很多。现阶段，高校学生事务的效果直接反映了高校的办学和管理水平，随着高校信息化的建设，学生事务需求越来越多样化。因此，要对高校学生事务的流行性进行简化和创新，以满足学生的特殊需求和时代要求，学生和管理人员工作的匹配度是重点内容。高校信息化的发展需要教学部门、财务部门、安保部门全力合作，以此创新管理办法，从中我们看出高校学术观念管理的信息化本质上是对流程的规范。想要实现高校学生事务管理的变革和创新，就要找到管理工作中的缺陷所在，要始终将优化学生管理流程作为重点，突破传统的职能导向管理办法，将传统管理的优点和现代管理办法进行整合、消减等，达到管理的最高效率和流程简化。

高校传统管理流程没有与时俱进，存在着很大的缺陷，主要有四个方面：第一，由于流程复杂增加了工作量，导致工作效率低下。传统的高校管理模式是金字塔式的管理模式，太多的管理层导致信息传达不及时，反馈信息无法上传下达，各个部门的矛盾也日益加深，整体工作效率得不到保障。第二，高校各个部门都以自己部门为重，不考虑团队协作，相关的信息没法及时传递出来并得到相应的反馈，信息化的高科技效果没有发挥的余地。第三，学生管理流程没有根据信息化的需求变成现代化的高科技手段，传统的手工方式没有足够的空间应对监察，存在诸多不透明的操作。第四，学生资料收集的过程中，大量的重复性工作给辅导员增加了额外的负担。

（三）组织结构方面的构建

在信息化逐渐普及的背景之下，高校学生管理组织的创新结构能够为其发展提供强有力的支持。管理的信息化并非指在目前基础上加入计算机、多媒体设备或相关的软件，而是应当基于现代大学管理理念不断地优化调整高校学生管理资源以及各环节，进行科学的定位，对信息流程进行合理化设计，从而确保在网络环境当中各种资源传输的及时准确性，能够为各项管理工作提供坚实的基础。

所以，高校想要进一步实现学生管理信息化，首先应当在组织结构所具备的原有基础之上进行进一步的更新设计。

目前，高校信息化建设过程中所产生的发展趋势是成立相关工作领导小组或是委员会，增加信息主管（CIO）这一岗位，由高校"一把手"直接进行领导，并对校园信息化建设负主要责任。在实际工作的过程中，CIO负责信息标准以及政策的制定，管理全校的信息资源、对各个职能部门以及行政管理人员进行协调，从管理这一角度出发，对信息技术进行选择和使用，通过对信息资源的反复筛选和深度挖掘来完成对于数据的准确利用。信息化组织体制具有CIO结构后既能够对管理体制的改革起到促进的作用，同时还能够帮助调整学校专业结构，从而促使高校的管理决策层得到进一步的提升。除此之外，还需要保证同时进行信息化领导小组的进一步完善与信息化组织结构调整。

1. 组织的主要结构

（1）直线型层级结构

从我国的目前状况来看，高校当中所存在的学生工作组织结构，其主体为校院两个管理层级之间相互结合的管理机制，是一种直线型层级关系。这种层级结构对于相关职能部门以及院系的快速控制主要依靠决策的快速性和指挥的灵活性，使得校内的资源能够进行有效的整合，从而使得全局工作能够顺利进行。不过这样的管理过程也存在弊端，导致多层领导出现条状分割状况，职能部门之间会发生相互重叠，另一个问题就是沟通协调存在着困难，在多部门参与的过程中，横向协调性至关重要，无法专业化地对工作进行指导，就极其容易导致负责领导以及非负责领导都不会进行管理的状况。由此我们可以发现，直线型层级结构当中具有较大的组织跨度，这导致了学生工作的管理很难由党政"一把手"进行完全的控制。教学科研往往被当作高校的中心工作，相较于学生管理工作，被认为更加重要。

（2）横向职能型结构

我国目前仅有少数高校在应用横向职能型结构，其主要特点包含条状运行机制和一级管理体制。由于这种结构的管理机构设置以及管理权限分配是在学校层面来进行的，依据分工的不同由不同的职能科室来面对学生和社团开展工作，学生管理工作最大的特点在于多头并进以及学校直接开展。与之相同的是，管理层级因为大的组织跨度、管理的扁平化以及分工的明确性而得到了减少，工作职能得以向学生延伸，降低了横向协调的难度，增加了指挥的灵活性，增强决策者对于管理的影响。不过在这样的组织结构当中，专业化以及管理层次的缩减会导致相关工作人员对其过分重视，增加工作强度和心理压力。这种大负荷工作极易导致工作效率的降低，在院系当中沿用辅导员制度会导致隶属关系的模糊，进而使得辅导员无法明确自身的工作职责。

2. 网上业务协同矩阵的管理结构

矩阵结构普遍化是目前国际著名大学组织结构取向的一大特点。如今，越来越多的高校加入数字化职能校园建设当中，这也使得学生以及教师的信息化素养得到了大幅提升。由于高校当中的部分职能部门无法实现部门内部的业务协同以及信息的共享，因此逐渐转变为跨越应用、处室以及职能领域的业务协同以及信息的共享。在学生工作当中，网上事务处理方式以及信息服务的现象正在逐渐增加，其中包含后勤、教务、财务等多个部门。过去高校毕业生在进行离校手续办理时，需要携带纸质的离校单在校内的各个部门进行盖章。如今在应用离校系统之后，不同部门之间的协同工作使得毕业生能够通过网络完成离校手续。

系统当中的工作流可以实现学生办理离校手续时相关的不同部门的协同工作，学生在线提交申请，可以提升离校手续办理的速度。在进行奖学金评定时，通常需要综合学习成绩、品德等多个方面进行考虑，此时学生处以及教务处之间的相互配合，可以提升问题解决的速度。校园一卡通系统被众多高校应用，它既是学生的学生证，同时还是门禁卡、图书证等，其制作与发行通常情况下是由网络中心来负责，学生以及教职工的相关信息通过不同部门数据库中的数据，进行横向整合，使得一卡通能够对校内的各个部门的信息进行共享，实现联合办公。

在中国的大学当中，矩阵管理结构的建设因为信息技术的普及应用而有了发展的空间。可以确认的是，我国大学中当前的信息化发展不够完善，接下来还需要一段漫长的时间来完成对于信息系统和相关管理结构的建立。不过目前许多高校已经开始进行新岗位以及部门的设置，重组业务流程，例如，完成信息化办公室的建立从而促进信息化建设，组建学生信息综合服务中心等，从而推动信息

化的完善进展，借助通信系统将本来由不同部门分别进行的工作完成。

（1）学校的信息化平台

信息化平台应当对所有与学生密切相关的部门进行统筹管理规划，其中包含教务处、图书馆、财务处、就业指导中心，等等，根据平台的不同来对功能模块进行合理的规划，根据学生的基本信息来进行学生电子档案库的建立，其中可以包含在校期间学生的学习、获奖、生活、获得的资助，以及违纪情况，等等。既保证功能的发挥，同时还能够对学生的在校表现进行综合性的反馈，直接展现学生在校期间的真实情况，客观地对学生综合素质进行评价。在建立数据统计平台的过程中，学生基本信息的统一性是至关重要的。

所以，保证学生基本信息一致性对于学生电子档案库的建立十分重要。这些信息包含：姓名、出生年月、性别、经历和生源地等不会改变的基本信息，同时还包含家庭成员基本信息以及家庭基本情况在内的会发生变化的内容，除此之外学生获得奖学金、助学金的情况和实习培训情况。以上信息在被提交之后需要学生处以及院系进行审核，根据学校情况的不同，可在特定时间由学生对数据进行更新修改，并由相关部门对其进行审核。除此之外，想要实现对学生情况的全面记录，还应添加一些平台功能，例如，学生进出公寓和图书馆的情况、借阅情况以及消费情况等，从而使得调查统计分析更加的便利。

（2）数据收集和数据分析的功能

从数据来源角度进行分析，应保证其直接性和客观性，这样对于后期的调查统计分析是有利的。经过统计分析可以帮助我们更加直接客观地对学生的在校情况进行综合性评价。例如，对学生进出图书馆以及借阅的记录进行调取，将其与学生的成绩进行比对，从而有效地完成对于学生阅读及学术研究分析。统计学生就业情况，并将其同学生的在校情况进行结合分析，从而找到帮助学生提升个人综合素质以及就业能力的有效方法。对不同部门的数据进行同步的交叉比较，可以发现教学以及其他学生事务进行管理的过程中所存在的问题，进而对教学管理以及学生工作给出更多宝贵意见。

（3）权限分配

在对权限进行分配时，可以根据角色的不同来进行，根据工作人员所在部门、职务以及工作内容的不同，分配不同级别和内容的权限，细化操作环节，保障操作安全。这样的学生管理系统可以提供给包括学生本人、辅导员以及事务管理部门人员使用，能够授予其他相关人员进行查阅的权限，可以更加便捷地对学生的学习生活情况进行了解。

（四）技术支持体系方面的构建

1. 加大硬件方面的投入

学生管理工作信息化的硬件设备包括电脑、互联网设备等，学校要加强技术设备和设施的完善。高校学生管理信息化要符合国家的相关法规和科技指标，贯彻"基础网络保障、核心计算功能、应用精神指导、安全性能保障"的思想，时刻关注行业动向，掌握信息化核心技术，进行创新和改革。要鼓励高校管理信息化的模式创新，加强实验和尝试，将校园网络布局为主网络，在网络技术和各种信息化系统的协助下，开拓实用性功能，将办公系统、无限资源、网络环境等进行传递和共享。要加强硬件设施的资金投入和技术投入，要寻求校企合作，全面加强学生管理信息化的水平。

2. 创建"智慧校园"

高校中，数字化校园的实现将教学和管理工作推进了互联网时代，为高校学生带来了便利性。近年来，世界各国都开始高速发展互联网和信息技术，在应用和发展方面改变了人类的生活方式，给各种职业带来了全新的变革。同时，信息化时代带动了智能时代的到来，智能技术在生活中随处可见，智能交通系统、智能电网、智能医疗器械、智慧食品、智慧城市、智慧基础设施等将地球推进了智能化发展时代。"智慧地球"的概念也带动了智慧城市和智慧校园的发展进程。

3. 创新学生管理工作

学生的安全工作是高校的核心重点，平安校园的建设是高校目前的工作重点。高校现阶段要考虑的是如何在不影响学生正常学习和生活的情况下，保障他们的安全性。现阶段，物联网在高校环境中的应用与日俱增，物联网通过无线数据侦测对事物进行识别和信息收集，按照预先设定的程序进行处理并反馈给用户。高校的日常管理工作中，如果在教室、公寓、食堂、图书馆等地方布局识别系统，学生的言行举止都能够被实时监控，并反馈给有关部门。感应系统在公寓的应用作用更大，学生通过一卡通就可以随意进出公寓门禁系统，方便了学生管理和生活。

"物联网"的应用充分保障了学生的安全性，避免危险事故的发生。通过在不同的区域和手机系统中装载射频识别（RFID）芯片可以实时提醒学生要携带的东西。图书馆的借书、归还、搜索等也可通过 RFID 读取。

4. 加强学生思政教育

深化学校学生思政教育，全面提高师生的思政意识。利用学习网站、校园官方微博、微信、腾讯 QQ 等宣传平台及聘请专家讲座等形式进行宣传教育。宣传教育的重点主要是学生思政、国家安全、国际形势、民族发展等宣传教育。利用"4·15"（全民国家安全教育日）、"12·4"（国家宪法日）等重大节日和纪念日的宣传教育工作，提高师生员工思政觉悟、学法、知法、用法意识。

（五）管理手段方面的构建

1. 适应发展需求，创新管理方式

随着信息化的发展，高校管理模式也要发生变革，才能够符合当代学生管理的新需求，找到管理学生的新形式。高校信息化工作开展之前，要通过专业的信息化小组对项目进行专业管理、目标确认、奖惩执行和系统动力理论，结合项目管理的相关理论和实际经验全面管理项目，以期达到项目预期效果。管理需求的更新必然导致信息化项目的改变，主要是在流程和结构上进行相对应的更新，在不同的管理形式下需要不同的软硬件设备支持。所以，高校学生信息化管理的前提是要熟练掌握传统的管理模式，并找到与支持设备的匹配处。除此之外，高校管理人员要注重网络的开放性，要从传统手工的形式转化为互联网的形式。高校学生管理人员要加强信息技术知识的学习，创新高校学生管理的新形式和新途径。

2. 利用信息化平台，提升精细化程度

精细化主要是在学生管理工作中做到细致、精准，精益求精，要树立超高标准，要细致入微。要将信息化技术应用到学生管理工作中，推动整体水平的质量，并注重学生的个性发展需求，帮助学生全面发展。工作以学生为中心，注重学生个性的发展和个人的指导，全面提高教育效果。学生管理工作的精细化是一种目标、一种态度、一种形式，也是一种精耕细作的操作模式，更是对学生的全面培养，对信息化技术的全面应用。要充分利用信息化平台的优势，来为教育工作提供动力，帮助学生管理工作实现精细化管理和服务。

3. 抓好队伍建设，提高人员素质

信息化时代下，为了保障高校学生管理的水平、完成人才培养的任务，需要组建专业的高质量信息化管理团队。这个团队的组成人员既要有专业人士又要有非专业人士，要涉及多领域的人员。首先，队伍除了具备基本的管理理论素质，还应该具备互联网和软件开发等技术水平，同时还要具有创新精神和创造力。其次，工作管理体制要与人才培养的目标相匹配，并能够及时进行调整。要明确流程顺序，分清各部门职能，要加强管理部门的决策能力、发挥管理人员的主观能动性和积极性。最后，要针对团队成员进行专业的培训，并创建长期的培训机制，发挥团队的特色，广泛涉猎多学科知识，以老成员带动新成员的模式进行培养。高校管理人员不仅要提高自身的互联网技术水平，还要提高信息的优化组合管理能力，共同保障高校学生管理系统的运行。

4. 加强安全管理，完善信息化保护体系

高校学生管理要重视信息系统的安全性和保密性，这是学生管理工作中的重要内容。首先，要充分考虑各个高校的网络信息安全性，配备与之适应的软硬件设备、安全防护系统等；其次，要设定严格的等级权限制度，根据不同的部门和身份创建不同的职能账号和权限，避免出现交叉重叠的权限设置，要确保所有工作人员管理好账号安全，避免泄露；最后，要出台相关制度和规章维护信息安全性，针对信息泄露、非法侵入学校管理系统等行为制定相应的惩罚制度，保障学生管理系统的安全性能。

第三节　高校学生管理的评价与创新

一、高校学生管理的工作评价

（一）高校学生管理工作评价的意义

高校学生管理工作评价，是提高学生管理质量的重要手段，评价活动本身也具有重要的管理功能。高校学生管理工作评价可以检验高校的整体办学水平和办学质量。从促进和提高高校学生管理工作的角度来说，高校学生管理工作评价具有以下三方面的意义。

1. 管理工作的政治保证与工作导向

（1）保证高校学生管理工作坚持正确的政治方向

对高校学生管理工作进行评价，通过对高校"两课"教育、学生党建工作、思政队伍建设等指标要求，从而保证高等学校的社会主义办学方向。高校学生管理工作评价，通过对高校德育内容和德育目标的检查评定，确保高校把坚持正确的政治方向放在学校工作的首位，坚持正确的办学方向，确保高校培养的是德智体美劳全面发展的社会主义事业的建设者和接班人。

（2）对高校确定学生管理工作的着力点有导向作用

高校学生管理工作评价的各项评价指标体系包含的内容，是高校开展学生管理工作的具体任务，把这些具体任务落实，就是实现学生管理工作价值，达到学生管理工作的预期效果的保证。根据特定的评价指标体系的内容要求开展学生管理工作，无疑可以明确学生管理工作的着力点，从而有的放矢地开展工作。

2. 提高管理工作的科学性与激励性

高校学生管理工作评价是高校领导和上级教育行政管理部门了解和把握学校学生管理工作特点、水平、特色的可靠途径。高校学生管理工作评价收集的信息具有客观性、全面性和准确性，其定量分析和综合评价具有较强的科学性，并对指导实际工作具有很大的价值。"实践是检验真理的唯一标准"，高校学生管理工作评价就是对高校学生管理工作的政策、措施等各个方面的一次全面检验，有利于提高高校学生管理工作的科学性。高校学生管理工作评价是对高校学生管理工作作出的评判，人们对工作积极性的高低，取决于他对这种工作能满足其需要的程度及实现可能性大小的评价。对应于高校学生管理工作而言，评价的激励作用的大小取决于评价活动对高校学生管理工作的肯定程度和对今后工作的促进效能。肯定高校在这方面工作取得的成绩，指出今后努力的方向，有利于调动高校学生管理工作的相关部门和人员的积极性、主动性。

3. 明确管理工作的职责与要求

高校学生管理工作评价可以使得高校进一步明确学生管理工作的职责和要求。评价是一种价值判断，高校在接受学生管理工作评价的过程中，按照评价体系的指标要求检查对照：一是促进高校学生管理相关的职能部门和学生管理专业人员明确岗位职责，提高落实岗位职责的责任心，增强紧迫感；二是评价体系的指标要求，特别是评价体系中的二级、三级指标，实际上是对学生管理工作提出的具体要求，通过评价、落实这些要求促进学生管理工作，从而达到提高工作效率的最终目的。

（二）高校学生管理工作评价的原则

1. 方向性原则

高校学生管理工作评价首先要坚持正确的方向性原则。学生管理工作评价就是要对高校是否坚持党的教育方针，坚决纠正任何偏离党的教育方针、偏离党对高等教育作出的重大决策、偏离教育目的的做法，确保我国高校正确的办学方向。

2. 可行性原则

高校学生管理工作评价可行性原则，就是要在保证方向正确和客观公正的前提下，使评价简便易行。如果评价过于繁杂，不易操作，需要投入过多的人力、物力和时间，势必增加评价对象的负担，甚至影响评价对象正常工作的开展，就会降低评价的实际效果。

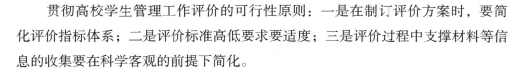

贯彻高校学生管理工作评价的可行性原则：一是在制订评价方案时，要简化评价指标体系；二是评价标准高低要求要适度；三是评价过程中支撑材料等信息的收集要在科学客观的前提下简化。

3. 实效性原则

实效就是在实践中所形成的价值。高校学生管理工作评价的实效性原则，就是要求高校学生管理工作评价注重实际效果。

从评价的操作层面上讲，实效性原则要求我们克服理论脱离实际的倾向，而且要注重实效的质和量的层次性和统一性。管理工作评价活动的实践性很强，要求正确恰当地肯定被评价对象的行为价值，并找出工作中的不足和问题，帮助其改正，促进工作进一步向前发展。

贯彻高校学生管理工作评价的实效性：一是要求明确评价的目的，利用评价指标体系对高校学生管理工作的现状作出恰如其分的价值判断，肯定成绩，指出不足；二是充分利用评价的导向作用，促使其改进工作，解决存在的问题，使学生管理工作迈上新的台阶。

4. 激励性原则

高校学生管理工作评价的激励性原则，就是通过评价来促使高校进一步重视和加强学生管理工作，根据评价的反馈结果改进工作中的不足，提高工作的积极性，增强对工作效果的期望值。

贯彻高校学生管理工作评价的激励性原则：一是评价要客观、公正、准确，使被评价对象既看到取得的成绩，又看到不足。二是制定的评价目标和具体标准要根据客观条件，符合高校实际。三是通过评价结果的定性达到激励被考评对象的目的，即对评价结果要分等级，如评出优、良、合格、不合格的等级，以鼓励先进、鞭策后进、找出差距、促进发展。

5. 科学性原则

高校学生管理工作评价要坚持科学性原则。学生管理工作评价要力求建立客观的、正确的、符合评价目的和实际的评价标准与方法的指标体系。高校学生管理工作评价的科学性指的是：教育评价要符合事实、符合逻辑、符合规范、符合目的。高校学生管理工作评价要实事求是，实事求是是科学的实质即科学精神的另一个根本特征。坚持评价的科学性原则，说到底就是评价要实事求是。

（三）高校学生管理工作评价的内容

高校学生管理工作评价是高校管理工作的重要组成部分，对高校学生管理工作进行评价，实际上是对高校整个管理工作的检验和评判。高校学生管理工作评价的内容涉及高校的方方面面，从学校领导到每一个教职工、每一个学生，从学校的各个管理部门到各个院（系）的工作部门。目前，我国高校学生管理工作评价由省级教育行政管理部门或高校自身来实施。高校学生管理工作的评价内容也由省级教育管理部门或高校确定。评价的内容一般分一级指标、二级指标和三级指标，内容比较多。这些评价内容归结为以下七个方面。

1. 领导重视

领导重视即是高校学生管理工作能够顺利正常开展的重要前提之一。高校领导要建立健全学生工作领导体制与组织机构。高校党委是学校德育工作的领导核心，要研究学生管理工作的指导思想、工作方针、任务和重要问题。领导是否重视学生管理工作规章制度的建立健全，是否保证学生管理工作人员的数量与学生人数的合理比例，是否保证对学生管理工作必要的经费投入，是否重视学生管理工作办公条件的改善等，这些是对领导重视学生管理工作程度评价的主要方面。

2. 队伍建设

高等学校学生管理工作队伍，主要包括学校学工部（处）、学校团委的领导和工作人员，院（系）副书记、分团委书记、政治辅导员和班主任。广义的学生管理工作队伍建设还包括高校学生干部队伍的建设。高校学生管理队伍是德育工作队伍，也是高校德育工作队伍的主体。高校要优化队伍结构，建设一支专兼结合、功能互补、政治坚定、业务精湛的学生管理队伍。高等学校的学生管理专职人员是教师队伍的重要组成部分。学校应当采取有效措施切实加强对这支队伍的建设，努力培养和造就一批思政教育的专家和教授。教育行政部门和高等学校应依据有关规定，采取切实措施，解决学生管理专职人员的学习培训、专业技术职务招聘、待遇等问题，改善其工作、生活条件。学校是否重视学生管理队伍的建

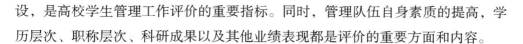

设，是高校学生管理工作评价的重要指标。同时，管理队伍自身素质的提高，学历层次、职称层次、科研成果以及其他业绩表现都是评价的重要方面和内容。

3. 规章制度建设

高校规章制度建设是高校学生管理工作实行科学管理、取得理想管理效能的基础条件。

随着时代的发展、社会的进步，高校实施法律契约式管理作为一种新的发展趋势，对传统高校学生管理工作产生了持续而深远的影响。目前，高校大多聘请了法律顾问，在制定学生管理的规章制度，对学生进行奖惩时都会从法律层面界定行为的合法性。从高校规章制度层面看契约式管理，已经越来越受到国家法律及政策上的支持，在管理实践中也有了一定的积极发展态势。

4. 党团建设

高校要加强党员在学生当中的核心作用，发挥学生党员先锋模范作用，确立巩固学生党建工作在高校学生工作中的"领导"地位。以党建促进团建，高校党团建设是密不可分的，有互相促进的作用。

高校学生管理工作评价对党团建设的评价主要内容是：①党支部建设。科学设置学生党支部，支部班子齐全，有战斗力；实现一年级有党员，二年级有党小组，三年级有党支部；支部活动有计划、有记录，活动开展得丰富多彩。②党支部和党员的作用。要评价党员能否在广大学生中充分发挥先锋模范作用，学生党支部在同学中能否产生强大的凝聚作用。③团建工作评价。高校团组织在党的长期领导下，全面贯彻党的教育方针，在团结和带领青年学生跟党走、服务青年学生成长成才等方面发挥了重要作用。在对入党对象的考察、培养、发展、教育工作中，要对团组织能否起到关键的作用作出评价。④评价学校、院（系）团组织健全，干部配备齐全，活动有计划、有记录，活动丰富多彩等情况。

5. 日常管理和学风建设

日常管理和学风建设。日常管理的评价主要是两个方面：一是学生日常管理的规章制度是否健全；二是学生管理的日常工作开展得怎么样，具体包括学生纪律表现及纪律管理，班主任工作情况，特殊学生的教育引导帮助工作情况及特殊学生档案的建立，学生素质综合测评，评优评先活动等。

优良学风建设的评价主要有这些参照指标：①课堂秩序好；②自觉遵守大学生行为规范；③班级、公寓学习氛围好，团结友爱，共同进步；④英语、计算机过级率高，专业技能证书获得率高等。

6. 工作效果

高校学生管理的工作效果，主要指学生管理规章制度和计划的执行结果，也就是工作任务完成得怎么样，取得了哪些成绩。具体包括学生思想和道德品质的提高，专业学习成绩，参加文体活动和社会实践活动，争先创优、竞赛活动获奖，管理科研成果以及毕业生就业率和就业质量情况等。

7. 工作特色

工作特色是高校学生管理工作的一级评价指标。高校要充分认识特色及其在学校建设发展中的作用，积极开展相关评估，推动各类学校特色的形成与发展，这对教育评估制度的建设及对整个教育的改革具有十分重要的意义。

高校学生管理工作的特色有的表现为学生党建工作卓有成效；有的表现为通过组织学生开展丰富多彩的课外活动，提升学生素质成果显著；有的表现为学生社会实践活动开展得有声有色且影响深远等。新时期高校学生管理工作评价十分重视管理工作的创新性，特色一项也很重要，在评比性评价中，特色是获得较高评价的关键指标。

（四）高校学生管理工作评价的方法

评价的方法很多，采用怎样的评价方法主要是根据评价的目标和目的，其次要根据学校的实际。从评价动力的角度，可以把评价方法划分为三种，即自我评价、上级（主管部门）评价和社会评价。从具体的评价手段来划分，可以采取观察法、问卷法、抽查法、座谈法等。由于教育活动的极其复杂性、多因素的制约性以及评价技术和手段的局限性，使得任何一种教育评价方法都不可能是万能的，每一种评价方法都有自己的特点、长处和缺陷，都有特定的适用范围和界限。对高校学生管理工作评价一般采取以下三种方法。

1. 定量法，评出分数

定量评价是采用数学的方法，收集和处理数据资料，对评价对象作出定量结果的价值判断，如运用教育测量与统计的方法、模糊数学的方法等，对评价对象的特性用数值进行描述和判断。对高校学生管理工作评价进行定量评价，就是通过考察检查，收集相关数据和材料，按照一定的评分标准，对评价体系的各项指标完成情况作出量的评定，评价体系各项指标得分的总和即构成了对该高校学生管理工作的评价结论。定量评价是综合各种信息进行量化统计的过程。

定量评价强调数量计算，以教育测量为基础。它具有客观化、标准化、精确化、量化、简便化等鲜明的特征。它在一定程度上满足了以选拔、甄别为主要目的的教育需求。但定量评价处处、事事都要求量化，强调共性、稳定性和统一性，有些内容勉强量化后，只会流于形式，并不能对评价结果作出恰如其分的反映。定量评价把行为主体的行为表现简化为抽象的分数表征与数量计算。因此，定量评价的局限性是十分明显的。

2. 定性法，评出等级

定性评价是不采用数学的方法，而是根据评价者对评价对象平时的表现、现实和状态或文献资料的观察和分析，直接对评价对象做出定性结论的价值判断，例如评出等级、写出评语等。定性评价是利用专家的知识、经验和判断进行评审和比较的评价方法。定性评价强调观察、分析、归纳与描述。就应用于高校学生管理工作评价这一领域的现象而言，定性评价更加关注高校学生管理工作在"质"方面的发展，关注管理工作的结果与预定或要求的目标之间的一致性；强调对高校学生管理工作的优缺点进行系统的调查，并对具体某个高校的独特性做出"质"的分析与解释，是具有实质性内容的一种评价机制。因此，定性评价可以关注更广泛的管理目标及管理结果，强调关注现场和专业判断，对高校学生管理工作的种种表现试图做出科学的解释与推论。如果说定量评价关注"量"而走向抽象并且侧重定量描述，那么，定性评价则关注"质"而走向具体并且倾向复位性描述。因而，定性评价是更具发展性评价的理论。但是，定性评价的不足是评价结果常常模糊笼统，弹性较大，难以精确把握。

3. 定量与定性结合法

在评价中我们要求定性评价和定量评价相结合，尤其是要重视定性评价。把各种评价方法结合起来，例如，把自评与他评，结果评价与过程评价，诊断性评价、形成性评价与终结性评价相结合。这样，既可以充分发挥各种评价方法的优势和特长，又可以互相弥补其缺陷和不足，从而使评价的结果更加客观、公正。

高校学生管理工作评价一般都采取定量评价与定性评价相结合的办法，以取得最科学合理的评价结果。在具体操作过程中，评估专家组根据评价体系，通过对高校学生管理工作的各项指标进行量化考评，打出分数，以得分定等级。同时，确定某些关键的具体指标（核心指标）必须达到的标准。

二、高校学生社会实践化管理创新

现代社会的高速发展对于人才的需要越来越急迫，高校作为人才储备的最主要环节，对人才的多样性培养也越来越重视，特别是对于高校学生社会实践能力的锻炼和培养。在教学课堂上开展理论教学是我国早期高校教育体制中最主要的人才培养手段，这种教学模式相对单一和简单，面对社会生产力高速发展下的多种人才需求显得力不从心，所以，为了满足社会发展的不同需要，现有的教育体制和人才培养战略都面临着新的目标和挑战。现代科技发展需要创新型人才，要求创新型人才不仅应具备丰富的理论基础，同时还应熟练掌握各种专业技能，除此之外，还应提高学生的社会认同感以及道德水平。所以，就需要增加学生的社会实践，增强学生的社会适应能力，这也是目前高校较为重视的教育方式。

高校社会实践课程是一种全新的教育形式，区别于传统课堂教育模式，社会实践课程更加注重提高学生的社会实践能力，能够有效帮助学生快速地融入社会中，同时还能帮助学生养成正常的社会价值观和社会认同感，学生参与社会分工还能加快社会发展进程。高校实践课程是目前高校重点发展的课程，是传统课堂教学的有力补充，其为促进人才培养战略的有效推进做出了重要贡献。

（一）高校学生社会实践化的重要意义

1. 促使大学生树立科学世界观

世界观是人们对世界的一般看法和根本观点。世界观是每一个个体都具备的思想价值，世界观的形成受到个体生活环境、教育水平以及思想价值的影响，不同的人有着不同的世界观。世界观也存在善恶之分，高校需要系统地将正确的世界观传授给学生。如何保证学生能够掌握正确而科学的世界观呢？主要通过两个途径来实现：一是增加学生的社会实践过程，通过社会实物的表象去探知事物的本质，通过事物发展的过程总结正确的价值规律，从而增加自己的认知；二是加强大学生的思想价值观教育，通过正确世界观的灌输帮助学生加强理解和渗透，总结错误价值观的形成过程，避免学生误入歧途，加深大学生对于世界观的理解程度，鼓励学生经常进行反思和理解。因此，学生进行社会实践是一件具有深远意义的事情。

第一，大学生需要具备一定的唯物主义思想价值观，而参加社会实践能够帮助学生建立唯物主义价值观。大学生正处于青年时代，可塑性很强，是世界观、社会历史观形成的关键阶段。除了社会实践之外，还应对学生开展系统的理论教学，加以专业知识的渗透。但是结合我国目前大学生现状而言，学生社会经验普遍不多，而且接触社会的机会比较少，所以容易对社会形成片面和碎片化的理解，不利于形成正确的思想价值观。处理这种现状的最好办法就是鼓励学生走出校门，主动进入社会参与历练，在社会实践中丰富自己的见识，建立自己的社会价值观，帮助学生在社会实践中理解历史和现实的关系。

第二，建立科学的人生观也需要通过大量的社会实践来实现。大学生社会实践对于人生观的形成主要有下 3 种优势：一是能够帮助学生养成踏实做事的良好作风，帮助学生摒弃一些不切实际的想法，能够正确看待社会；二是不断参与社会实践能够有效帮助学生养成坚韧不拔的毅力，同时还能促进学生树立良好的奉献主义价值观；三是有效的社会实践增加了学生接触人民群众的机会，不断地深入群众便能更加懂得如何为社会不断创造价值。

第三，培养正确的社会主义信仰离不开社会实践。大学生是未来的国之栋梁，毕业之后必然会参与到实际工作中，所以大学生承担的使命感更加艰巨。就需要对大学生灌输和渗透社会主义信念，社会信仰的形成不能仅依靠情感教育，还需要参与大量的社会实践，让学生在实践中体会到祖国的强大，让学生切身感受到祖国繁荣复兴的使命感，借以建立学生的社会主义信仰。

2. 进一步提高大学生的素质和能力

不断参与社会实践可以帮助学生找到自身不足。结合目前教育现状而言，我国学生的升学之路大体相同，升学路径也基本一致，从小接触应试教育使学生缺乏一定的社会经验，更别说社会适应能力。只有参加社会实践才能让学生切实感受到自身社会经验的不足，而且能够更快地将所学知识应用到社会实践中来。

3. 强化知识分子与工农群众的结合

从历史中不难发现，很多有抱负的热血青年都有着大量的社会实践经验，他们从社会实践中总结出自己的人生经验，从而为自己的思想价值观确立奠定坚实的基础。这些青年学生最终都成为对社会有着巨大影响的思想家、文学家、教育家等。他们用自己的实际行动告诉大家社会实践的重要意义。所以只有广泛参与社会实践，从工农群众中增长见识才是当今大学生的首要任务。

4. 驱动高校学生的社会化

社会化是指个人与社会生活不断调适，使个人由"自然人"发展为"社会人"的过程。大学生正处于社会化的最后阶段，显然，在许多方面已趋向成熟，但为了适应社会生活，仍需进一步学习，首先要从社会实践学起。

（1）社会实践可以增强大学生的社会责任感

很多高校组织学生到基层开展社会实践活动，使同学们提高了对改革的复杂性、艰巨性的认识，增强了他们的社会责任感。在社会实践中，越来越多的大学生认识到，社会需要的是热情的、直接参加这项伟大建设工程的人。通过社会实践，许多大学生克服了原来自视清高的习气，自觉并充满激情地投入学习、生活和工作中。

（2）社会实践可以推进大学生实现社会角色转变

社会实践活动能够帮助大学生找到自己和社会要求之间的差距，看到自身知识和素质上的缺陷，启发学生对自己进行重新认识和正确评估，促使学生重新确立自我价值实现的基点，在纷繁复杂的社会中找到个人和社会的最佳结合点。

（3）社会实践可以促使大学生与长辈们沟通代际关系

在社会实践中，大学生以普通劳动者的身份，直接参加社会财富的创造活动，培养了他们尊重劳动成果、尊重父辈们的思想感情。总之，在社会实践中，两代人之间可以相互沟通和相互理解，彼此消除对对方的偏见，进而有效地促进两代人之间的有机结合。

（二）高校学生社会实践化的发展

1. 促进社会实践活动的社会化

所谓实践活动社会化是指要发动所有社会的优势和力量来组织和开展各项实践活动，并促进大学生顺利完成社会成员身份的转变，使其更好地服务于社会。

（1）活动组织者的社会化

以近些年大学生的社会实践现状来说，能够获得社会各界的认可和支持的实践活动基本上都能够顺利进行下去并取得成功。不过若是从发展的层面来说，目前很多的社会实践活动还远远达不到社会实践活动发展的需求。社会实践活动有自身的特征，主要表现在较高的效率、较多的人数、较广的空间和较长的时间等，为了最大限度地体现社会实践活动的优势，社会各界的大力支持是必不可少的前提和条件。具体来说社会各界的支持包括以下 3 个方面。

①实践活动必须得到党和政府的支持。在人才培养上，党和政府所发挥的作用是其他社会团体所不能具备的，而且这也是党和政府的必要责任。因此党和政府在国家高层人才培养上也较为重视。

②实践活动必须得到高校自身的支持。在大学生培养工作中，高校所发挥的作用是最直接的、最重要的，而且高校组织学生参与社会实践活动也有一定的有利条件，为此也可以说在社会实践活动中，高校的地位不可动摇。高校应该发挥自身的优势和主导作用，为学生提供更为广阔的实践空间。

③实践活动必须取得社会团体和企事业单位的支持。想要在社会实践中吸引更多人积极参与，就需要获得社会团体和企事业单位的支持。

企事业单位作为高校学生未来的工作场所，具有作为社会实践活动基地的现实意义，而实践活动在企事业单位开展，又必须有企事业单位提供的种种便利条件。

（2）实践活动的社会化

大学生参与实践活动实质上是和外界产生交流和互动的方式。这一过程有利于培养学生的自身素质，使其成长为对社会有用的人才。因此整个过程中所采用的内容和形式也就是实践活动本体的社会化过程，其实施的前提必然是建立在社会条件基础之上。应该结合教学实践和其他方面的实践等方式来促进实践活动本体的社会化发展，并以教学实践为核心来展开教学实习和教学实验等。社会实践活动是为了配合和检验课堂教学而设置，是学生能力高低的直观反映，因此该方式得到了最为广泛的运用，同时也最具有群众基础，有利于促进学生进行其他高层次实习和实验。所以应该在教学实验和教学实习的基础上来开展其他方面的实践，切忌本末倒置，忽视了教学实习和教学实验的作用。

社会考察、勤工助学、社会服务等都属于其他方面实践的范畴。这些实践活动能够有效地检验学生能力，并可以用来验证教学实践活动。学生可以通过咨询服务、科技开发、挂职锻炼、参观访问、社会调研等方式来参与实践活动。不管是何种实践活动，都和社会有着相关的联系，因此也容易获得学生的认可，必须注意使之在时间、资金、人力上同围绕教学的实践互不干扰，因此，高校应该做好统筹协调工作，使得两者可以和谐共生、相互促进。

（3）活动主体的社会化

实践活动主体社会化工作的目的是促进大学生的社会化进程，从而让大学生顺利地完成社会成员身份的转变，并不断提升自己的社会素质等，在实践中获得更多的社会信息和社会资讯，结合自身的不断调适，提高自身综合素质和综合能力，实现社会化发展。具体而言，学生实践主体社会化发展需要从以下3个方面入手：

①实践主体自身系统应具有开放性。开放性系统针对学生的发展提出了新的要求，不能故步自封，而是要通过交换来完成自身的能力提升和身份转换。为了确保系统的开放性，学生需要具备高度的责任感，并能对外界事物具备一定的分析、接受以及处理能力，通过实践活动来提升自己的综合素质，寻求更为广阔的发展空间。

②实践主体应不断进行自身角色的调适。大学生的实践角色和社会期望角

色之间总是无法统一。加上大学生处于开放性系统中来完成实践，他们在实践中不断调整自己，适应实践需要，以便顺利地完成角色的转变，并在大学阶段完成实践的社会化。

③实践主体应促进自身个性的形成。社会化发展的最高境界就是个性化，若是社会化中缺乏个性化的发展，会造成社会化的僵硬和统一化发展，从而不利于社会化的活力和生命力的体现，也缺乏必要的开拓性和创造性内容。所以，大学生的社会实践一定要以学生的个性发展为基础，培养学生能力和综合素质的同时，也能提倡其个性化发展。

2. 规范大学生社会实践制度

规范实践制度的意义非常重大，能够保证社会实践活动的开展有理有据，确保其长远发展。实践制度体系的建立需要保证其权威性，并需要考虑其全面系统性和可行性等需求。

（1）规范实践制度是社会实践活动发展的必然趋势

人的思想觉悟再高，也不能忽视规章制度的规范作用，若是没有系统规范的制度约束，仅仅依靠实践组织者来组织实践活动，就会在很大程度上受制于决策者的决策是否正确。所以，为了促进社会实践活动获得长远稳定的发展，就需要建立完善的系统的制度规范。

因此规划和加强社会实践制度不但是必不可少的工作，还是势在必行的重要工作。首先，实践制度的规范化发展能够吸引更多的社会团体和力量来重视大学生实践活动的开展，为大学生参与实践活动创造有利的社会环境。其次，实践制度的规范化将促进实践组织的科学化发展。目前，各级党政群团组织、各个高校基本上都具备了一定的实践基础，也为实践制度的规范化提供了一定的条件。现在各个社会团体和党政组织、高校都对大学生的社会实践给予了高度重视，越来越多的企业为大学生实践活动提供平台和资金支持，这也是实践制度规范化发展的重要保障，并在一定程度上为实践制度的规范化创造了机会和条件。

（2）各级实践组织者必须制定出正确的实践制度

实践制度的规范化并非简单地叠加各种制度，而是需要在统一性、协调性的基础上予以发展和建立。各级实践组织者要做好制度的制定和规范工作，使其具有一定的延展性，以便和其他实践制度对接和调整。需协同的各级实践组织有以下四个方面。

①党和政府对实践制度的正确制定。在制定实践制度过程中，要充分发挥党和政府的宏观调控作用。制度建立上要做到以下方面的统一，即机构的统一性、目标的统一性、规划的统一性、决策的统一性以及评价的统一性等，才能使得社会实践活动更加具有持续性、整体性和系统性，积极发挥社会各界力量的作用，引导社会实践活动的顺利进行。而且在实践组织中，党和政府也发挥着核心的作用，既要做好各个组织部门的协调工作，也要推动各级组织团体的积极性和责任感。

②高校对实践制度的正确制定。学生会、团委以及学生处等高校思政工作部门通常是负责高校社会实践活动组织的部门。一般高校的社会实践活动会利用假期来完成，这也是受到高校和社会各种因素的制约所形成的特征，高校社会实践活动的支持力度和制度规范都比较欠缺，导致大学生社会实践活动流于形式。为了有效改善这一问题，就非常有必要对高校学生的社会实践活动制度予以规范。其一，高校教育和管理工作中就要包括社会实践活动这一内容，并需要指定专门的部门予以落实和规范；其二，在大学生素质考核内容中加入社会实践活动的表现和评价等；其三，为了确保提高师生参与社会实践活动的热情，应该予以一定的制度保障。

③社会团体和企事业单位对实践制度的正确制定。在众多支持社会实践活动的社会团体（如工会、共青团、青联、学联）中，共青团起着众所周知的主导作用。在制定制度的过程中，团组织要通过量的指标确立各级团组织的组织实践任务，通过对岗位职责定期考核并将考核结果作为团的工作评价内容，来激发各级团组织和团干部组织实践活动的责任感和积极性。各企事业单位和农村基层组织，是大学生校外实践的主要基地承担者。因此，在制定实践制度时，首先要注意大学生的生活问题，如吃饭、住宿、医疗的安排；其次注意安排好学生的临时实践指导人或联系人，为大学生熟悉实践环境、完成实践任务创造条件；最后还要用客观的评价尺度对学生参加实践活动的表现做出科学评价，以备高校了解学生的实践效果。

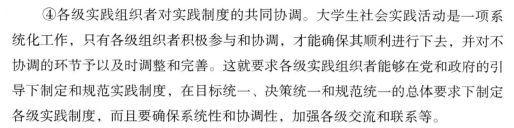

④各级实践组织者对实践制度的共同协调。大学生社会实践活动是一项系统化工作，只有各级组织者积极参与和协调，才能确保其顺利进行下去，并对不协调的环节予以及时调整和完善。这就要求各级实践组织者能够在党和政府的引导下制定和规范实践制度，在目标统一、决策统一和规范统一的总体要求下制定各级实践制度，而且要确保系统性和协调性，加强各级交流和联系等。

（3）积极建立高校实践制度体系

只有各级实践组织者都能正确地制定实践制度，才能确保实践制度的规范化发展，如此才能为大学生实践制度体系的建立提供权威指导，并确保可行性和系统性。实践制度的规范化程度受到各级实践组织者实践制度制定的规范性和系统性的影响。

3. 实现大学生实践组织科学化

大学生社会实践活动是一项系统工程，其实践制度的规范化、科学化和社会化程度将直接决定其效果。高等教育工作中包括大学生社会实践活动这一重要内容，随着社会的发展，大学生社会实践活动也面临着全新的挑战。因此确保实践组织的科学化发展，就要把握社会实践的基本规律。按照社会实践内在规律来开展实践活动，如此才能适应社会发展的需求。所以在组织实践活动的过程中要把握好科学化这一基本目标，并以此来指导实践活动的开展。

（1）科学设定实践目标与方案

实践活动设计环节包括实践目标的设定和实践方案的优选等，并以此指导实践活动的开展，所以这一环节是最为基础的、最为重要的环节。必须从以下两个方面来实现实践目标的设定和方案的优选。

①实践目标设定基本科学。应该从两个方面来实现实践目标的科学化：首先，实践目标的切实可行性是基础和前提，要求实践活动组织者能够系统全面地考虑其实践目标，而非一时兴起做出决策，并要确保其目标具有可实现性。其次，实践目标的制定要具备层次性，通常由三个层次构成：一是为社会主义事业的发展培养人才即总体目标；二是具体目标，是以总体目标为基础的具体分解，由实践活动的具体任务组成；三是发展性也是制定实践目标的重要要求。教育活动具有自己的独特规律，所以在制定目标时既要考虑现实条件也要考虑未来人才

需求趋势等。

②实践方案优选基本科学。实践方案优选的最佳化能够促进顺利达成目标，还对整个实践活动具有重要的积极作用。通常情况下，实践方案优选要考虑三个原则：一是需要遵循广泛性原则，也就是对方案的最终确认要基于多层面、多角度综合考虑；二是要遵循民主性原则，也就是要对实践组织者和参与者的意见予以综合考虑；三是需要遵循最优化原则，也就是说实践活动的组织必须要符合社会要求，并要综合考虑到参与者的实际情况等。

（2）科学实施实践方案

想要促进实践方案的科学化发展，就要不断地清除障碍，这样才能促进实践目标的顺利实现。所以，需要实践组织者全面地考量实践主体和客观条件，并做好相应的准备，确保指导力量、资金以及各方的支持都能准备到位，如此有利于实践的顺利进行；而且在运行实践活动本体的过程中，还要及时地整理、收集、分析各种反馈信息，并以此为依据和基础适当地调整实践方案、实践活动本体以及实践活动主体等。

（3）科学总结实践成果

为了更好地促进社会实践活动的社会化进程，就应该不断地消化、吸收和总结，以促进社会实践成果的转化。具体而言可以从以下四个方面入手。

①加强社会实践活动各环节、各方面的考核。首先要对大学生在实践活动中的表现予以考核，主要是从实践态度、实践单位的评价以及实践时长等方面考核；其次要考核大学生在实践中的收获，主要可以从学生对自身的认识、对社会的了解以及对国情的认识等方面入手，并对学生智力和技能是否得到提升做出评价等；最后是考虑大学生的心得体会和调查报告的质量，并要求上级组织者相应地做好组织情况等。

②扩大成果，将单个的社会实践成果转化为大学生共同的精神财富。可以多开展各种实践心得交流会，让学生多参与交流和沟通，同时还可以通过举办实践成果展览，吸引更多人参与到实践活动中来，高校可以跨校举办实践成果评比活动，加强高校之间的实践交流等。

③升华思想，把感性认识上升到理性认识。要树立大学生坚持社会主义道

路和为人民服务的意识，培养其艰苦奋斗、敢为人先的精神。

④在实践中体会和总结组织理论，并运用理论进一步指导社会实践。各级实践组织者要积极地开展实践组织的交流和研讨，交流和学习实践管理经验，加强社会实践的广度和深度发展，从而为实践的社会化创造有利条件。

4. 高校学生社会实践化的实施

（1）社会实践的方式

①参观型社会实践活动。该类型社会实践活动主要是通过让学生去风景名胜区、工厂等地参观和考察，参与实践学习，这一方式在一定程度上能够促进学生实践活动的落实，不过收效却甚微，只是加强了学生之间的交流和沟通，对祖国的大好河山有一定的了解，教育效果却不是非常理想。为此一般高校将此种方式作为一种奖励，以鼓励表现优秀的学生或者干部。

②活动型社会实践活动。活动型社会实践活动本质上加强了文化、科技和卫生的落实和实践，一般经由高校联系某个乡区，由高校组织学生为乡区人们提供文艺会演，也可以在乡间开展文化宣传、医疗服务或者科技咨询等活动，形成非常热烈的实践活动氛围，不过这需要投入大量资金、人力和精力，且组织起来难度较大，能够参与的学生有限。虽然这一方式在高校学生社会实践中得到了较为普遍的应用，不过其缺点和不足也比较突出，还需要进一步予以完善和改进。

③生产型社会实践活动。生产型社会实践活动主要是针对高年级学生及研究生和博士生等，他们会实际参与到生产中。这一方式不但为学生学以致用创造了实践平台，也可以让学生真正掌握生产知识，这是无法从书本上获得的。而且该方式的资金投入量不大，效果也比较突出，既能为企业生产提供真正的帮助，也不会造成企业的其他损失，因此也比较容易被社会各界所接受。

④课题型社会实践活动。由教师予以引导和组织，吸引各个年级的学生积极加入进来，以课题小组的形式开展各种调查或者宣传活动，并围绕课题展开实践活动和理论探讨。该方式容易调动学生的积极性和实践热情，获得社会各界的大力支持，因此也具备较好的发展前景。

⑤挂职型社会实践活动。由学校组织学生到机关、社区或乡村来担任助理职务，参与社会工作。各个机关、社区或者乡村对这一方式比较欢迎，不过目前

此类实践活动还不是非常普遍。

⑥学生自发型社会实践活动。学生利用假期时间参与各种招聘活动、自荐方式等社会实践活动，既能让学生深刻地体会到各种社会生活，也可以发挥自身优势，为人民、为社会服务，此外还能通过自己的付出获得一定的报酬。这一方式适用于大部分的学生，而且不需要学校大量的资金投入，应予以大力支持和发展。

⑦互动型社会实践活动。互动型社会实践活动涵盖的实践主体比较广泛，不但大学生可以参与，城乡基层市民可以参与，连乡村农民也可以参与。有利于各个阶层的人展开交流和沟通，积累经验，促进各方能力和素质的提升，而且对社会主义精神文明、物质文明以及政治文明的建设都具有重要作用。

（2）社会实践活动的落实

①社会调查活动。社会调查活动不但要涉及城镇，更要深入乡村，有利于学生全面地了解社会和国家基本国情，为以后自身的发展制定目标和方向。社会调查和考察，有利于学生了解社会实际情况，并把握社会发展规律和本质，有利于收集和分析社会信息，具有重要的意义。而且现在大学生的社会调查正向着效益化、实用化和专题化方向发展。

②科技服务活动。科技服务活动应该面向城镇、乡镇企业、小型企业等，让学生能够真正学以致用，发挥自己的所长，为社会、为人民服务，通过教师的指导，转化科研成果，提供科技咨询和技术服务等，将科学技术转化为生产力。

③文化服务活动。要真正将文化培训、科普讲座、法律宣传和咨询活动落实到城镇社区和乡村，为乡村文明建设提供各种社会支持。

④公益劳动和文明共建活动。既包括校内的公益活动，也包括校外的社区服务活动，同时其他单位组织和开展的各种文明建设活动等也包括在内。

⑤互动活动。加强大学生党员和各个阶层党员的互动和联系等。

⑥信息服务活动。为被服务单位提供人才、科学技术和社会生活方面的资讯和信息等被称为信息服务，其有利于为被服务单位争取更大的经济效益、社会效益和人才效益等。大学生可以将自己所掌握的知识和技能予以实践运用，充分发挥信息资源的价值和作用。

⑦勤工助学活动。勤工助学不但为学生的成长提供了机会，也有利于国家的发展。

⑧教学实习活动。教学计划内就包括教学实习这一重要内容，因此需要在教学计划时间内完成，并且作为学生的学分，确保人才的规格和质量都达到预期目标，认知实习、生产实习和毕业实习都属于教学实习，而且是理工类、农医类专业学生必要的社会实践活动。其是结合教学活动和生产劳动的重要实践方法，在一定程度上促进了大学生的思政教育、职业道德教育、专业教学以及职业训练活动顺利进行。

（三）高校学生社会实践化的创新管理

1. 创新社会实践的理念

新的时代不仅对大学生有了新的要求，同时赋予了大学生社会实践新的任务，要适应时代，就必须实现大学生社会实践理念上的更新。

（1）与建设社会主义新农村的需要结合

社会主义新农村的建设包括新农村的经济、政治、文化等诸多方面的内容。如何建设社会主义新农村，显然仅靠国家投入资金是不够的，广大农村还必须投入更多的智力资源、文化资源。大学生本身所具备的专业素养以及基础知识与能力让他们成为建设社会主义新农村的参与者。社会主义新农村建设同时也为大学生将理论知识应用于实践提供了机会和平台，进一步强化了大学生的实践能力。保证社会主义新农村建设结合大学生社会实践有效实施的前提便是改变或者更新大学生对社会实践的认知与固有观念。这就要求改善原有的学生培养模式——培养"社会实践受动者"，即鼓励他们借助社会实践增强自身的专业知识技能实际应用的能力，并积极参与社会主义新农村的建设。

（2）与城市社区精神文明与政治文明建设的需要结合

为了让大学生同时扮演好两种角色：社会实践的主动者与社会实践的受动者，应该提醒他们要充分利用自己所掌握的科技知识以及精神文明并将其与变革社会活动有效结合。换言之，就是鼓励并提倡大学生社会实践活动有效地结合城市社区精神文明与政治文明建设的需要，促进社会实践教育工作有效、持续地进行，同时也让大学生在这一个结合过程中提升自身专业技能并得到更多发展机会。除此之外，大学生在高校中所学到的思政内容也可以与社会实践活动有效结合。这样不仅可以实现理论知识的灵活运用，同时也可以加强大学生对理论知识更深层次的认知。实践与"城市社区精神文明和政治文明建设的需要"的结合可以让大学生通过自身的不断进步来实现对社会变革与发展的促进作用，并成为促进社会文明进步与发展的重要支撑。

2. 创新社会实践的载体

（1）大学生党员城乡基层接待室的建立

城乡基层大学生党员接待室既可成为大学生党员和入党积极分子了解社会的窗口，又可成为向工人、农民、市民宣传党的知识、党的政策以及国际国内政治、经济、社会形势的重要阵地，大学生还可以在这个载体中与广大群众打成一片，为构建和谐社会贡献出自身的力量。

（2）大学生社会实践临时党支部的建立

通过建立大学生社会实践临时党支部，能增强党对社会实践的领导，并将党的意志、政策、主张贯穿于整个社会实践过程中，从而使整个大学生社会实践产生更大的政治文化效果和影响。

第六章

高校行政管理创新

第一节　高校行政管理性质与职能

一、教育行政管理的性质

教育行政管理是国家行政管理的一个组成部分，它的性质随着国家性质的变化而变化。管理作为一种社会职能，存在于各个社会形态。随着生产力的发展、社会分工的扩大、阶级的分化，便形成了国家，建立了政权组织。有关公共事务管理这一社会职能活动，便逐渐地具有了政治的性质。学校是应剥削阶级对于人才的需要而产生和发展起来的，学校的产生和发展又对国家的行政管理提出了新的要求，于是教育行政管理就逐渐形成和发展起来。所以，教育行政管理一开始就是国家事务管理的一部分。它制约于一定国家政治经济制度和文化教育发展的水平，并具有本民族的传统特点，随着文化教育事业的发展和国家性质的变更，教育行政管理也在不断充实其内容和变更其性质。

在阶级社会里，占统治地位的阶级对于教育是通过国家政权的组织机构、社会力量和社会其他组织，根据自己的意志和利益确定政策、颁布法令、建立制度和设施、从事教育活动的。

二、教育行政管理的职能

教育行政管理的职能是指教育行政管理本身的职责和功能。它既指教育行政管理活动本身所具有的能力和作用，又指教育行政机关为执行任务、实现国家教育使命所进行的职务活动。教育行政管理的职能要通过相应的机构去实现，有什么样的职能，就应该建立相应的管理体制和组织机构。因此，教育行政管理职能是建立行政管理机构的主要依据。教育行政管理的职能也是科学组织管理过程的重要依据之一，因为教育行政管理活动，是行使其职能的过程。教育行政管理各项职能的依次行使，便构成了教育行政管理的全过程。每项职能都是教育行政管理不可缺少的重要环节，任何一个环节出了问题，都会影响整个管理系统。因此，注意发挥各项职能的作用，检查各个环节之间的关系，就能对薄弱环节及时进行调整，合理地组织管理过程，使整个管理系统正常有效地运转。当今，世界各国都很注重建立、健全国家教育机构，充分发挥国家管理教育的职能。根据各国的教育行政管理经验和我国的实践，教育行政管理的基本职能大致可归纳为计划、立法、组织、协调、控制、指导以及服务。

（一）计划职能

计划职能是根据国家和地区经济等方面的实际情况和社会发展战略的需要，在一定时期内，对教育事业发展的方向、速度、规模做出统一规划，以保证教育事业稳步协调发展。其体现形式包括预测、计划、指示、决议等。计划是教育行政管理的中心环节。要管理就要对工作的目标和任务做出设想与安排，对重大问题做出决策。通过计划和决策，确定任务内容、工作步骤、工作方法和各种要求。还可以随时做出决议、指令，解决管理过程中出现的问题。教育行政管理任务的完成，很大程度上取决于计划和决策，以及管理进行中对计划和决策的修正。一个正确的决策和合理的计划，能为任务的完成奠定良好的基础。社会主义国家教育行政管理的计划工作，是在认真贯彻群众路线、充分调查研究的基础上

进行的。它所制订的计划，反映了客观规律的要求和现实情况的需要，充分考虑了计划实现的各种主客观条件。社会主义教育行政管理的计划职能，充分体现了社会主义教育行政管理是一种自觉的管理。

（二）立法职能

立法职能是指国家通过各级立法机关和政府部门制定各项教育法令和法规，并依法对教育实行管理。它是使教育行政活动正规化的一个重要职能。通过立法手段对教育的目的和方针、对社会教育和学校教育、对教职员的资格和待遇、对教育管理活动等予以法律上的规定并依法行事。完善教育法规，能保证全国教育的正确发展方向，能保证在减少指令性计划、减少行政命令和行政监督机构情况下，做到忙而不乱。完备的立法也是进行法律监督的依据。所以，强化立法职能是国家管理教育的最强有力的措施。

（三）组织职能

计划和决策制定之后，就要付诸实施。列宁说："要有效地进行管理，就必须善于实际地进行组织工作。"组织就是通过一定的机构和人员把已经拟定的计划和决策，化为具体的执行活动，指导计划的落实。组织活动包括对机构的设置、调整和有效运用；对工作人员的选拔、调配、培训和考核；对具体工作的推进和督导；等等。任何管理系统都需要通过具体的组织工作才能建立，任何管理任务都需要具体地组织、指导才能完成。因此，组织职能是教育行政管理活动的关键一环。

（四）协调职能

所谓协调，就是改善和调整各个机关、各种人员、各项活动之间的关系，使各项管理活动分工协作、密切配合、步调一致，以实现共同的目标，教育行政管理涉及面广、事务复杂，在组织执行时，如不及时协调，很容易出现失去组织机制的倾向。通过政策、法令和各种具体措施，不断地调整组织之间、人员之间、活动之间的各种关系，以避免事权冲突或工作遗漏与重复，减少相互间的不和谐，形成纵向横向的良好关系，保证教育行政管理活动的正常有效运行。在任何行政管理活动中，矛盾和冲突都不可避免，但在社会主义国家，是在共同利益的基础之上和根本目标一致的前提下发生的。通过主动协调，能够解决和减少矛盾与冲突，实现教育行政管理的高效运转。所以，协调职能是教育行政管理活动中不可缺少的。

（五）控制职能

要使教育行政管理活动顺利进行并取得预想效果，对管理活动的进程和结果必须加以控制。所谓控制，就是监督和检查。监督和检查可分为两个方面：一方面是通过收集、加工、分析有关实现计划进程的资料情报，对活动中的数量、时间、质量等因素予以控制；另一方面是了解掌握活动中的人事、组织、财务、方法等情况，对管理活动中的各种行为予以控制。实现控制的手段有法律和行政两种，即通过监督检查掌握情况、发现问题，依据有关法令和政策或采取有关教育行政措施，及时加以解决，使管理活动能按照预定的计划进行。同时，也可以根据执行情况的反馈，不断修正计划，及时调整措施。

（六）指导职能

指导职能是指国家对地方教育行政部门和学校，就地方教育发展的规模，人才培养的数量、规格，教学内容的确定，课程的设置和课时安排，以及教学方法的选择等基本属于地方和学校内部的事务，提供指导和建议，间接地影响地方和学校的经营方向和经营活动，使之与国家宏观的教育目标和教育活动相一致。

（七）服务职能

服务职能是指上级教育行政主管部门为下级教育行政主管部门和所辖的学校提供诸如信息、咨询、资助等项目，以此作为教育宏观控制的重要手段。例如，国家建立教育信息中心，为地方教育提供丰富的统计数据和教育资料，进行各种教育咨询；经常组织地方与地方之间、学校与学校之间的协作，以更好地为发展教育服务；建立独立的教育财政，鼓励地方和学校兴办一些国家急需的教育项目，为落后地区提供资助；等等。所以，教育行政主管部门既是指挥部门，又是服务部门。地方教育行政部门也要树立为基层和学校服务的思想，完善内部机

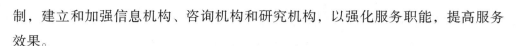

制，建立和加强信息机构、咨询机构和研究机构，以强化服务职能，提高服务效果。

上述教育行政管理的各种职能，是一个完整的职能体系，各种职能之间并非彼此并列、各自孤立、互不相干。例如，计划是组织、协调、控制的依据，同时，也要在组织、协调、控制的过程中不断修正和完善；组织职能不仅是为了落实计划，而在制订计划，进行协调、立法和控制的过程中进行实施；服务职能也只有通过行使计划、组织、协调、控制等职能才能实现。所以，把教育行政管理看作一个完整的职能体系，正确区分表现在各个方面各个阶段的职能，并保持它们之间的有机联系，对于有效地进行教育行政管理，十分必要。

第二节　高校行政管理改革与创新的具体措施

一、重视高校思想政治教育

（一）高校思想政治教育和行政管理的关系

1. 思想政治教育是开展行政管理工作的思想基础

高校在制定和实施行政管理措施时，都是要用思想政治教育来作为指导的。行政管理的目的是用规章制度来对高校师生的行为进行规范，因此行政管理活动具备强制性的特点。行政管理规范被管理人员的行为，但是无法实现对被管理人员的思想教育，简单来说就是即使高校的师生不认同学校的某些制度，但是为了不受到处分，也必须遵守规章制度。如果要让师生认可学校的规章制度并且能够自觉地执行，就需要在思想上对师生进行教育，让被管理人员真正理解学校制定的制度，在思想层面上认可该制度，这样学校的规章制度才是有意义的。因此，思想政治教育是行政管理活动的思想基础，只有思想政治教育取得了成果，才能为学校行政管理的实施减小阻力。

2. 行政管理是实施思想政治教育的途径

行政管理的强制性措施是思想政治教育的支撑，且思想政治教育能够巩固高校教育的成果。思想政治教育能够让学生树立正确的人生观和价值观，以保证学生的行为能够符合社会主流价值观，符合社会主义现代化建设的要求。然而单纯的教育对于学生产生的影响往往是有限的，对一些自制力比较差的学生，其作用甚至是微不足道的，这就需要运用行政管理的手段来辅助思想政治教育。就思想政治教育中暴露出来的问题，行政管理根据学生的实际情况有针对性地制定规章制度，强制学生必须按照制度来执行，对于违反规章制度的学生要采取相应的行政处分。因此，强制性的行政管理能够规范学生的行为，约束那些自制力差的学生。

3. 思想政治教育与行政管理是相辅相成的

高校教育的最终目的就是培养中国特色社会主义的建设者和接班人。思想政治教育与行政管理的根本目的也是促进学生政治思想素质的提高，两者在其中起着相辅相成的作用。从某些角度上来说，思想政治教育就是柔性的行政管理，而行政管理就是强制性的思想政治教育。行政管理活动如果没有思想政治教育作为基础，那么就无法让学生理解和认识，从而适得其反；如果思想政治教育没有行政管理作为执行手段，那么就会丧失强制力，对学生起不到教育的作用。思想政治教育通过教育促进学生思想认识的提高，行政管理通过规章制度对学生的行为进行规范，两者都是为了让学生树立正确价值观，并对学生做出正确的人生选择进行引导。

（二）高校思想政治教育和行政管理有机结合的具体做法

1. 改进思想政治工作体系以推动行政管理工作的顺利开展

第一，高校的思想政治工作主要是对学校的工作人员进行思想教育，学校要利用先进的管理理论来加强思想教育。学校要培养工作人员的参与意识和责任感，利用多种思想政治教育模式，将学校工作人员的参与意识调动起来，加强学校管理人员和被管理人员之间的关系，减少因为不能理解管理人员的意图和对策

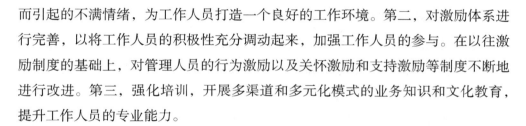

而引起的不满情绪，为工作人员打造一个良好的工作环境。第二，对激励体系进行完善，以将工作人员的积极性充分调动起来，加强工作人员的参与。在以往激励制度的基础上，对管理人员的行为激励以及关怀激励和支持激励等制度不断地进行改进。第三，强化培训，开展多渠道和多元化模式的业务知识和文化教育，提升工作人员的专业能力。

2. 提升行政管理干部的思想政治素质

要保证高校行政管理工作的高效性，关键是要具备一支具有高政治素质的行政管理干部队伍。行政管理干部需要具备高尚的品德和才华，怀抱远大的理想和目标，具有无私奉献的精神和服务精神，能够克服工作中遇到的各种困难，能够认真努力地完成工作任务。除此之外，行政管理干部还要具有良好的知识架构，具备综合分析能力和具体问题处理能力，只有道德和才能都具备，才能强化高校行政管理干部队伍的素质建设，因此行政管理干部需要三观端正，不断提升自身的政治素养，才能实现思想政治教育和行政管理的有效结合。

随着高等教育不断的改革和深入，各高校的办学规模也不断扩大，这使得学校的管理工作中出现越来越多的问题。在这样的形势下，对高校行政管理人员的要求也越来越高，而思想政治教育和行政管理的关系密切，高校在实施行政管理的同时，还需要加强思想政治教育工作，全面地提高高校管理的有效性。

二、服务型高校行政管理体系的构建

（一）高校行政管理的服务特性内涵

1. 专业性的服务

由于高校中各个系别、学院都具有不同的专业，高校的行政管理工作过程中，经常会出现一些涉及专业领域的管理工作，而这些管理工作由于具有极强的专业性，也就给高校行政管理工作者带来了较大的工作难度。因此，高校行政管理工作人员要有足够的专业知识，只有具有专业能力的工作人员才能够更好地进行高校行政管理工作，从而为高校的学生和教职员工提供更多优质的服务。

2. 服务客体具有多样性

服务型高校行政管理体系的工作核心是满足学生和教职员工的基本需求，为学生和教职员工进行服务。然而，由于学校中的人数众多，每个人都具有不同的要求，导致高校行政管理体系的服务具有多样性的特点。因此，高校行政管理工作人员要针对每个服务客体的具体要求，进行不同的行政管理服务，从而满足每个服务客体的基本要求，提升高校行政管理的服务能力。

3. 服务具有规范性

对于高校行政管理体系而言，只有具备了较强的规范性，实行规范化的服务，才能更好地提升高校行政管理的服务质量。因此，高校行政管理体系的建立，要以满足学生和教职员工的需求为核心理念，通过对学生和教职员工进行规范化的服务，在每一个工作的环节都进行科学的设置并管理，简化高校行政管理的工作流程，从而让高校的学生和教职员工能够享受到更加优质的服务，促进高校教学质量和科研水平的不断发展。

（二）高校行政管理服务特性的意义

1. 服务型高校行政管理有助于高校行政管理改革

高校行政管理是维护高校日常运作和发展的重要环节，也是高校进行教学和科研的重要保障。不同的高校由于其实际情况有所不同，行政管理体系也有所不同，其管理模式对不同的高校具有不同的影响。而随着服务型高校理念的不断深化和发展，传统的高校行政管理模式已经无法满足高校的发展和建设，因此，对于高校行政管理体系进行相应的改革，已经成为高校不断发展的必然要求。服务型高校行政管理是以高校的学生与全体教职员工的诉求为核心的，以为学生和全体教职员工提供服务来更好地贯彻服务型高校的建设理念。因此，服务型高校行政管理的使用可以有效地促进服务型高校的不断发展，促进高校教学水平和科研水平的不断提高。

2. 服务型高校行政管理有助于培养高素质的优秀人才

高校的核心目的是为国家和社会培养更多高素质的优秀人才，而服务型高校的核心理念更是以学生和教师为本，对学生的能力和素质进行培养。因此，服务型高校行政管理要立足于学生和教师的实际要求，为高校的教学和科研层面提供更优质的服务，为高校的人才培养奠定坚实的基础。对于服务型高校行政管理理念的深化和贯彻，可以有效地培养行政管理部门的服务理念，从理念上提升行政管理部门的服务效果，使得行政管理部门能够更好地对学生和教职员工进行服务，让高校培养高素质的优秀人才的核心理念能够融入行政管理部门当中，从而使得全校形成为学生的培养服务的理念，提高教师的工作积极性，促进教学水平的不断提高，同时，服务型高校行政管理模式的使用，还可以给学生提供一个良好的生活和学习环境，激发学生的学习兴趣，提高学生的学习效果，为高校培养出更多高素质的优秀人才。

3. 服务型高校行政管理有助于高校科研发展

高校除了是培养人才的重要场所，还是进行科研的重要场所。传统的高校行政管理模式，注重行政权力的主体地位，而忽略了学术权力的重要作用，使高校行政管理体系无法为高校的科研方面做出应有的贡献，导致高校的科研水平难以得到发展。而在服务型行政管理模式的高校中，除了注重对学生的培养以及对学生与全体教职员工的服务，还要注重提升学校的科研能力，这就要求在行政管理中，更加注重学术的重要地位。服务型高校行政管理模式能够更好地协调各个部门之间的关系，让各个部门能够在促进高校科研水平的目标上共同努力，从而为高校顺利进行科研项目提供相应的保障。同时，在服务型高校行政管理的模式下，不仅要注重高校的日常工作，更要着眼于未来，对于高校的未来发展有一个明确的认知，建立相应的战略方针，从而有效地提升高校的教学质量和科研水平。

（三）基于服务特性的高校行政管理工作构建思路

1. 改变传统的高校行政管理理念

传统的高校行政管理理念，更加侧重管制整个行政管理的工作流程，使工作的每一个环节都能更加符合高校相关的规章制度，而忽略了行政管理应该满足学生与教职员工的基本要求，这也就导致了服务型高校行政管理体系难以进行构建和发展，阻碍了高校的发展步伐。因此，在服务型高校行政管理体系的构建过程中，高校的行政管理部门必须转变传统的行政管理观念，通过树立以学生和教职员工为本的服务思想，来对全校的师生负责，在行政管理的工作过程中，充分考虑学生与教职员工的基本要求。

2. 建设服务型高校行政管理队伍

行政管理工作人员在整个行政管理工作流程中起主体作用，行政管理工作人员的工作能力和素质，直接地影响了整个行政管理工作的质量。因此，对于行政管理工作队伍进行相应的建设，对提升服务型高校的行政管理水平具有重要的意义。在服务型行政管理队伍的构建过程中，首先要提高行政管理工作人员的思想政治素养，使行政管理工作人员能够具有良好的职业道德和服务意识。

3. 建立完善的服务型高校行政管理制度

完善的制度是保证服务型高校行政管理顺利开展的重要前提，因此，在服务型高校行政管理的建设过程中，要对服务型高校行政管理的规章制度进行相应的建设。要建立相应的民主决策制度，让全校的学生与教职员工都能够融入管理过程中。还要建立一个对于行政管理水平和质量的评价监督机制，让学生和教职员工能够对服务型高校行政管理进行相应的评价，并吸取其中的不足之处进行相应的改正，以保证服务型高校行政管理能够顺利地进行。

行政管理体系在我国高校的发展和建设史上具有重要的意义，通过对服务型高校行政管理体系的构建，可以有效地深化我国服务型高校建设的程度，促进我国高校教学水平和科研水平的不断提升。

三、"以人为本"的后勤服务体系构建

（一）"以人为本"的高校行政管理理念

"以人为本"的高校行政管理理念，是以"为广大师生服务"为宗旨的，也是国家对教育事业发展的新要求，对我国政治、经济、文化的发展都具有深远的影响。只有对高校后勤行政管理体系进行优化和改革，贯彻"以人为本"的管理理念，将服务教学、教师和学生当作首要任务，提高管理人员的综合素质，才能

为高校各项工作的开展提供保障，促进我国教育事业的发展。

（二）"以人为本"的高校后勤行政管理体系的构建

1. 树立"以人为本"的管理理念

要实现高校后勤的人性化管理目标，必须树立"以人为本"的管理理念，确保后勤行政管理舒心、放心，能够充分满足现代化管理要求，加强管理的人性化，才能充分调动后勤人员工作的积极性和主动性，确保其在工作中尽心、尽力、尽责，更好地服务于广大师生，让教师和学生在良好的校园环境中工作和学习，从根本上实现人力、财力、物力的功能最大化和效用最大化。

2. 提升后勤服务保障功能

随着高等教育的大众化发展，高校后勤工作正朝着社会化的方向发展，学校的大学生对高校后勤服务的要求不断细化，为有效满足学校、教师和学生的基本需求，必须重视对后勤行政管理体系的优化和完善，改变传统的后勤行政管理模式，提升高校后勤服务保障功能，为广大师生提供主动、高效、便捷的服务，充分满足高校发展的基本需求。在高校后勤行政管理工作中要坚持走可持续发展的路线，实现科学化管理，以人为本，提高高校后勤行政管理人员的工作热情。

3. 建立高素质的后勤干部队伍

要想做好高校后勤保障服务工作，必须重视对高校后勤人员的培养，建立高素质的后勤干部队伍。高校只有加强高素质后勤干部队伍建设，聘请专家开展后勤服务知识讲座，不断更新高校后勤行政管理理念，增强后勤人员的责任感、服务意识，提高后勤人员服务水平，才能使高校后勤行政管理跟上时代发展的步伐。

4. 优化和完善后勤运作机制

随着科学技术的快速发展，传统的后勤行政管理模式已经不能满足高校教育事业发展的需求，因此，优化和完善高校后勤运作机制是十分必要的。将先进的信息技术应用到后勤行政管理中，能够实现高校后勤的信息化管理，使后勤行政管理部门及时掌握并汇总工作信息，为高校后勤行政决策创造有利条件。高校还可以构建信息交流平台，有效实现师生和后勤人员的双向互动，提高后勤行政管理水平，使后勤行政管理工作科学化、规范化、合理化。总结高校后勤服务是学校中心任务开展的重要保障，后勤部门只有在服务广大师生的过程中贯彻落实"以人为本"的理念，才能为高校后勤工作和教育教学工作开拓新的局面，实现高校后勤行政管理的科学化和规范化，促进教育教学活动的开展。

四、高校行政管理效率提升策略

（一）健全人才准入制度，引进尖端行政管理人才

在高校行政管理领域，大部分行政管理人员都来自基层，其管理方法与管理理念是在日常工作经验中形成的，而且是以工作经验为基础开展各项管理工作。随着时代的发展，尤其是信息化水平的不断提高，依托工作经验的行政管理模式已无法适应时代发展的各种要求。基于此，在高校行政管理中应高度重视创新管理模式的问题，积极构建完善的人才准入机制，以此提高行政管理队伍的整体水平；应以人才退出机制为辅助，对行政管理人员进行定期考核，依据其表现决定去留。发挥机制优势，能够激发高校行政管理的活力，提高管理效率与质量。

（二）完善管理与服务的责任制和绩效管理

公立高等院校的经费来源主要为政府拨款，在院校管理层面需要受到行政体制的约束，因此，应结合院校实际，打破传统的单一制行政管理模式，引入管理责任制和服务责任制，以企业管理和服务模式为参考，切实将行政管理工作落实到个人。此外，要适当下放行政管理权力，依据管理人员个人特长合理安排管理岗位，使管理人员的才能得到充分发挥，提高个人发展与高校发展的契合度。

1. 明确行政管理人员的职责

在工作中，只有按照岗位的不同，制定不同的绩效考核标准，才能达到完善绩效管理的目的。第一，高校需要根据自身的运转需求，确定行政管理部门以及行政管理工作人员的数量。如果学校的规模比较大，则可以设置较多的行政管

理人员，反之，则要减少。第二，要根据岗位的不同，确定不同的工作职能，规定行政管理人员所应该承担的责任和义务，使行政管理的效率得以提升。第三，学校要为每个行政管理人员确定对应的绩效目标，比如在确定绩效目标的时候，需要根据部门的整体绩效目标、个人的岗位要求、行政管理目标、行政管理的难度等方面进行综合考量，使绩效管理的目标可以在工作当中得到实现。

2. 完善绩效管理考评体系

需要完善绩效考评体系，才能有效完成绩效管理的目标，促进行政管理人员的自我提升，因此在实际过程中需要加强绩效考评体系的修正，才能满足管理的要求。为了使高校行政管理人员的绩效考评更合理、更有效，应从以下两方面入手。

（1）目标分解，计划到位，科学定位，有效沟通，职责明确

在绩效管理的四个环节中，绩效目标的设立最重要，它是绩效管理活动的中心和总方向，决定着计划时的最终目的、执行时的行为导向、考核时的具体标准。设定绩效计划目的在于将学校发展战略及目标与每位行政管理人员的行动结合起来，确保行政管理人员的工作目标与学校的战略目标保持一致，最大限度地保证学校战略目标的实现。绩效计划必须清楚说明期望行政管理人员达到的结果以及为达到该结果所期望行政管理人员表现出的行为和技能。通过层层分解目标来实现，并力争保持学校战略目标与规划和教职员工个人愿景的和谐一致。

（2）重视过程考评和控制，力求考评的完整性和连续性

控制是管理的一项基本职能，它是通过对计划执行情况的监督、检查等方式，及时发现目标偏差，找出原因，采取措施，以保证目标顺利实现。一个完整的绩效管理系统包括绩效目标与计划、绩效控制、绩效考评、绩效反馈四个环节。要使绩效考评真正有效，必须关注以下几方面。

①做好平时记录，形成绩效文档。绩效管理一个很重要的原则就是无意外，认真做好被考评人员的平时绩效记录，形成绩效文档，作为年终考评的依据，确保年终考评有理有据，公平公正。

②营造浓厚的学习氛围，提高员工自我学习能力。高校本身就是一个学习型的组织，更要根据不断变化的形势，调整人才培养的目标和计划，为行政管理

人员的发展营造良好环境创造相应的条件。

③慎重选择考评主体，体现全面性、针对性。高校行政管理人员服务的对象主要包括学校高层领导、教师、学生及其他相关的管理人员，应该说相对教师而言要广泛得多；同时，不同的行政管理岗位又有不同的主要服务对象，对行政管理人员的绩效考评应慎重选择其考评主体，力求保证全面性、针对性，并考虑到其与被考评人的关系、素质、各类考评主体的人员分配比例等因素，从而使考评结果更具公平性、公正性、合理性，也更可信、更有效。

④确立奖惩性评价与发展性评价相结合的价值取向。在绩效考评过程中，由于价值取向的不同，评估的指标、标准及考核评估的方法等都会有相应取舍。可以说价值取向是绩效考评的基础，也是建立整个绩效考评体系的方向。奖惩性评价主要以奖惩为目的，是一种不完全的评价、是一种终结性的面向过去的评价。它在某种程度上可以促进改革，促进提高，引起部分人员的共鸣和反响，但它从根本上忽视了评价的激励和导向功能，不利于促进全体行政管理人员的发展。而发展性评价既注重人的全面发展、和谐发展、个性发展和人格完善，又注重一个组织发展和社会发展的需要，体现价值一元性与多元性的统一。但发展性评价若不与奖惩性评价相结合，又会导致广大行政管理人员无压力和激励刺激，同样对提高管理水平及服务质量无益。因此，在高校行政管理人员的绩效考评中必须将两种评价方法结合起来，综合运用，才能收到很好的效果。

⑤重视个人绩效的同时，关注团队绩效，实现绩效最大化。对于高校的每个行政管理岗位而言，实际上都要求多种能力的组合，而每个人能力结构是不同的，同时，一个人的能力也是有限的。而高校的行政管理是个完整的系统，许多管理工作是相互联系、相互影响、相互制约的。因此，学校管理人员若能在进行个体绩效考评指标设定时，根据各岗位的实际情况，适当加入一些与团队绩效和流程相关的指标。并通过团队绩效目标及相关工作流程将具有不同能力结构的人融合在一起，量才用人，任其所长，不任其所短，创造机会，重视引导，形成团队成员互促共赢的局面，实现绩效最大化。

3. 加强考评结果的运用

首先，要重点关注考评结果的反馈。当完成考评之后发现行政管理人员存在问题，要及时寻找原因，找出解决的方法，改善行政管理人员的行为。其次，要将考评结果与行政管理人员的薪酬、晋升挂钩，使行政管理人员可以争先提高自身的工作质量，以期获得更好的考评成绩。最后，要将考评结果进行对外公布，使行政管理人员可以了解到绩效管理的权威性，从而注意自身的行为，提高行政管理的效率。

（三）建立健全行政管理制度，实施量化管理和信息化管理

有章可循是开展各项管理工作的重要前提，同时也是确保管理取得成效的关键。为了提高高校行政管理效率，需要构建完善的管理制度，依托制度优势开展各项行政管理工作。为此，在院校内部应针对管理人员设置值班制度、岗位责任制度、办公制度等。还应结合管理人员的工作特征，设置绩效考核制度，确保绩效考核所采取的评价指标具有代表性与科学性，并将制度落实程度纳入个人考核内容之中，与绩效联系在一起。在管理制度构建的过程中应始终坚持以人为本的工作理念，面向所有行政管理人员征集相关意见，以确保制度本身具备良好的操作性和实践性。在高校行政管理中存在着较多环节的信息沟通问题，如管理高层向基层传递信息需要经过多个层级，而基层向管理层传递信息也同样需要经过多个层级，导致信息传递效率较低，难以发挥信息的时效性。基于此，应完善高校行政管理机构，分别设置问题调查部门、意见收集部门、服务监督部门与政策编制部门等，对每个部门的职责和权利给予明确的界定，并构建监督机制，以保障行政管理工作的高效性。此外，在管理方法上，应引入信息化管理与量化管理方式，结合院校发展实际与时代发展特征，不断更新行政管理理念，引入先进的管理方式，有效提升高校行政管理的水平。

（四）加强各部门的协作，增强沟通交流

行政管理应胸怀大局意识，根据高校的发展规划方针，统筹兼顾，有侧重、有目标地安排各项工作，保证学校各项工作的顺利推行。行政管理需要良好的前瞻性，不可只顾眼前利益或小集体利益，眼中要有学校这个"整体"，各部分、教学单位分工协作，并无孰轻孰重的区分。加强各部门的协作，增强沟通交流，吸纳有效建议，弥补当前工作的不足之处，提高整体行政管理水平。

高校行政管理依赖于高校行政管理信息的通畅。信息的通畅离不开有效地管理沟通。为了改善高校行政管理沟通，需要做到：第一，要拓宽信息沟通渠道。人与人之间的沟通除了正式的沟通还需要非正式的沟通，有时候非正式的沟通甚至比正式的沟通更有效。高校行政管理人员应该深入研究师生员工喜爱的沟通方式，才能做到管理信息沟通的快捷、有效。第二，要提倡双向沟通。双向沟通是指有反馈的信息沟通，这种反馈可以进行多次，直到双方满意为止。它的优点是信息传递的准确性和接收率较高。

（五）强化行政管理人员的忧患意识

行政管理人员需要增强责任感、使命感。同时也需要具有忧患意识，增强危机感、紧迫感。忧患意识在一定程度上包含预见意识和防范意识。"祸兮福之所倚，福兮祸之所伏。"忧患意识的重要表现就是善于从看似平静的日常工作中预见危机，从有利中发现不利，准确判断，未雨绸缪，防患于未然。当前是我国高等教育的快速发展阶段，许多高校都处于转型的关键时期，行政管理人员要保持清醒的头脑，增强工作的预见性，并且做好各种应急预案。总而言之，我国高等教育事业发展迅速，高校行政管理也需要迎难而上，锐意进取，不断深化教育管理体制改革；丰富行政管理人员的管理工作经验，完善行政管理工作方法，提升行政管理工作效率，为我国新时代高等教育事业发展做出应有的贡献。

（六）提升高校行政管理人员自我价值感

高校行政管理人员自我价值感的高低不仅影响其自我实现的进程、影响其自身的心理健康水平，还直接影响其工作效率和工作潜能的发挥。因此，提升高校行政管理人员的自我价值感是必要的，也是具有现实意义的。

1. 提高自我概念水平

自我概念是个体对自己的总体知觉，它包括对自己的生理自我、道德自我、心理自我、社会自我、家庭自我、自我认同、自我满意和自我行动等多维度的认知和评价。低自我价值感的高校行政管理人员应该首先学会正确地、合理地认识自我，学会欣赏自我，并诚恳地接纳自我，在工作中不断地审视自我、分析自我

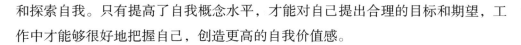

和探索自我。只有提高了自我概念水平，才能对自己提出合理的目标和期望，工作中才能够很好地把握自己，创造更高的自我价值感。

2. 培养积极思考心态

个体思维方式的性质决定其行动能力，行动能力决定其工作效果，工作效果决定其自我评价，自我评价决定其自我价值感的高低。高校行政管理人员在开展工作的过程中，常常会遇到许多不确定的因素和不能自主的情况，这些使他们在工作中产生不确定感、烦躁不安、无助感、焦虑等负面情绪。因此，工作中学会运用积极思考法，可以帮助他们发现工作中的乐趣，积极地面对工作中的挫折、压力，合理进行自我心理调节，保持心情愉快地开展工作，获得较好的、满意的工作绩效。

3. 提升情绪管理能力

个体的情绪智力更多的是指个体的情绪管理能力。个体的情绪管理能力可以反映一个人的成熟水平，情绪管理能力强的个体可以控制自己的不良情绪，如果个体情绪出现波动时，可以主动地调节，使其适应自己的工作和生活，或者将其对工作和生活的影响控制在最低水平。在工作过程中，无论是由于自身人格因素，还是工作因素，高校行政管理人员都会出现情绪波动，甚至情绪失控的情况，如果处理不当，不仅会影响他们积极地开展工作，还会影响其积极的自我价值感的形成。高校行政管理人员可以通过学习放松技巧，掌握一种或几种放松技巧，帮助自己稳定情绪。通过这些情绪管理技巧或情绪管理方法，可以帮助高校行政管理人员理智地面对工作中遇到的各种情况，成功地处理工作中的难题，并能够得到别人和自己的积极肯定，有助于他们形成积极的、正向的、健康的自我价值感。

4. 规划职业生涯

合理地进行职业生涯规划，可以帮助个体有计划地进行自我实现，让个体在人生的每个阶段都可以形成高自我价值感。高校行政管理人员可以根据个人的实际情况和工作任务，并结合学校的发展目标和方向，对自己的职业生涯进行规划，让自己清楚地知道每个阶段该做什么，可以检验自己每个阶段自我发展和自我完善的完成情况。这样他们可以在工作中实现成就感，进行自我成长，提升自我价值感。

（七）加快行政管理的信息化和现代化建设

21 世纪是信息技术的时代，随着信息技术被越来越广泛地应用到工作、生活的各方面，充分、合理地利用资源，加快高校行政管理工作信息化、现代化进程，提高管理效率，改善管理条件，逐步做到管理手段和设施的现代化、网络化。

参考文献

［1］崔金辉．高校教育管理创新与发展研究［M］.天津：天津科学技术出版社，2023.

［2］张燕，安欣，胡均法．现代高校教育管理与教学创新研究［M］.天津：天津科学技术出版社，2023.

［3］许莲花，李印平，鲁美池．高校教育教学管理创新研究［M］.成都：四川大学出版社，2023.

［4］陈东梅．新时代高校教育发展路径的研究［M］.北京：北京工业大学出版社，2023.

［5］陈博，刘湘，张斌．高校教育管理的方法研究［M］.长春：吉林出版集团股份有限公司，2022.

［6］张茂红，莫逊，李颖华．高校教育管理与教学研究［M］.北京：台海出版社，2022.

［7］丁兵．当代高校教育管理研究［M］.西安：西北工业大学出版社，2019.

［8］戴月舟．新时代高校教育管理与创新研究［M］.汕头：汕头大学出版社，2022.

［9］单林波．高校教育管理体系构建研究［M］.北京：首都师范大学出版社，2022.

［10］范晔．基于创新教育理念下的高校教育管理［M］.长春：吉林出版集团股份有限公司，2022.

［11］郝福锦．大数据技术在高校教育管理中的应用研究［M］.北京：中国原子能出版社，2022.

［12］洪剑锋，屈先蓉，杨芳．互联网时代下高校教育管理与评价创新［M］.延吉：

延边大学出版社，2022.

[13]范良辰. 大数据环境下高校教育管理信息化改革研究［M］.北京：中国原子能出版社，2022.

[14]冉启兰. 教育管理理念与思维创新[M].长春：吉林出版集团股份有限公司，2020.

[15]卢保娣. 大数据时代高校教育管理及其信息化建设［M］.长春：吉林大学出版社，2021.

[16]刘鑫军，孙亚东. 互联网时代高校教育管理模式改革与实践研究[M].长春：吉林人民出版社，2021.

[17]张伟，丁彦. 基于人工智能视角的高校教育管理与信息化教学研究[M].北京：北京工业大学出版社，2021.

[18]郭晓雯. 高校教育教学管理创新发展研究[M].北京：北京工业大学出版社，2021.

[19]刘思延. 高校教育教学管理实践与创新发展［M］.哈尔滨：哈尔滨出版社，2021.

[20]姚丹，孙洪波. 高校教育信息化管理与学生管理工作［M］.北京：中国纺织出版社，2021.

[21]梁丽肖. 教育信息化背景下高校管理机制探究[M].长春：吉林人民出版社，2021.

[22]王炳堃. 高校大学生管理教育与校园文化建设［M］.长春：吉林出版集团股份有限公司，2021.

[23]赵莉莉，赵玉莹，严峡. 新形势下高校人才管理及素质教育创新研究［M］.延吉：延边大学出版社，2021.

[24]刘萍萍，何莹. 现代高校教育教学管理现状与创新发展［M］.北京：中国原子能出版社，2021.

[25]张露汀，杨锐，郑寿纬. 高校教育教学创新研究［M］.长春：吉林人民出版社，2021.

[26]高健磊. 新时期高校管理与发展路径探索［M］.北京：中国政法大学出版社，

2021.

［27］谢如欢．民办高校教育创新与实践研究［M］.长春：吉林人民出版社，
　　　2021.

［28］吕村，谭笑风．高校教育管理与教学研究［M］.长春：吉林文史出版社，
　　　2020.

［29］陈晔．新时期高校教育管理实践研究［M］.北京：现代出版社，2020.

［30］李喆．地方高校创新创业教育研究［M］.济南：山东人民出版社，2020.